事実婚・内縁 同性婚

2人のための お金と法律

～法律・税金・社会保険から
ライフプランまで～

弁護士	弁護士	公認会計士・税理士
今井多恵子	坂和宏展	市川恭子

特定社会保険労務士	CFP®・1級FP技能士	
安井郁子	竹下さくら	共著

日本法令

【事実婚・内縁関係】とライフプラン

▶「[同性婚]とライフプラン」は裏面

| 事実婚、内縁関係のスタート | 子供が生まれたら | 住まいの確保と住宅購入 | 介護が気になってきたら | 「関係」の終了／パートナーの死亡と相続 |

事実婚、内縁関係のスタート
- 法律上の内縁関係とは……19
- 「内縁関係」として認められることの効果……23
- 「内縁関係」として認められるための要件……30
- 「婚姻意思」とは……33
- 「共同生活」とは……46
- 「重婚的内縁関係」とは……50
- 所得税上の取扱い……110
- 贈与税の取扱い……118
- 納税の猶予と差し押さえ……126
- 会社員の社会保障（厚生年金・健康保険）……128
- 自営業の社会保険（国民年金・国民健康保険）……150
- 生命保険の加入……159

子供が生まれたら
- 子供の誕生と認知……56
- 養育費の諸問題……64
- 所得税上の取扱い……110
- 社会保険上の「扶養」……129
- 育児中に利用できる社会保険等の制度……147
- 保険の加入……159

住まいの確保と住宅購入
- 夫婦間で居住用の不動産を贈与したときの配偶者控除……119
- 賃貸住宅の入居について……166
- 共有名義での住宅購入を検討する際の留意点……167
- 夫婦で住宅ローンを担う際の留意点……168
- 1人で住宅ローンを組む際の留意点……169

介護が気になってきたら
- パートナーが障害状態になった場合の保障制度……144
- 介護の義務の有無について……171
- 介護施設・医療機関利用時の留意点……172
- 介護保険サービスの利用について……173
- 「医療費控除」活用上の留意点……174
- 「成年後見制度」利用上の留意点……174
- 勤務先の介護休業制度について……175

「関係」の終了／パートナーの死亡と相続

【内縁関係の終了】
- 内縁関係の終了……67
- 慰謝料等の請求について……68
- 財産分与について……80
- 生活費用の請求……83
- 紛争解決の手段……84
- パートナーと事実婚姻関係を解消した場合の保障制度……146、157

【パートナーの死亡と相続】
- 相続時の法律上の取扱い……86
- 内縁相手と相続の関係……87
- 子は相続できるか……95
- 事前の対策はどうしたらよいか（遺言書の作成）……97
- お墓はどうするか……99
- 死後認知……102
- パートナーが交通事故等で死亡した場合……105
- 相続税の取扱い……121
- 社会保険の保障内容（死亡・障害・老齢時）……133、150

【同性婚】とライフプラン

同性婚のスタート	子供を育てることになったら	住まいの確保と住宅購入	介護の話が出てきたら	同性パートナーの死亡と相続
・同性婚とは……184 ・養子縁組による効果と手続き（法律）……190 ・「準婚契約書」とは……199 ・性同一性障害とは……206 ・所得税の取扱い……211 ・会社員の社会保険 （厚生年金・健康保険）……225 ・自営業の社会保険 （国民年金・国民健康保険） ……236	・子供に関すること （法律）……203 ・育児中に利用できる社会保険等の制度……234	・住宅取得資金の贈与の特例 ……213 ・賃貸住宅を借りにくい現状 ……244 ・住宅購入時の名義と財産トラブル……244	・「準婚契約書」とは（任意後見契約について）……205 ・パートナーが障害状態になった場合の保障制度……233 ・介護の話が出てきたら……246 【養子縁組をした場合】 ・介護施設・医療機関利用時の留意点……172 ・介護保険サービスの利用について……173 ・「医療費控除」活用上の留意点……174 ・「成年後見制度」利用上の留意点……174	・「準婚契約書」とは（遺言書の作成について）……203、205 ・相続税の取扱い……217 ・社会保険の保障内容（死亡・障害・老齢時）……228

はしがき

　現代社会において、家族の在り方、パートナーの結びつき方は、多様化しています。男女のパートナーにおいても、その結びつき方は、法的な「婚姻」という形には止まりません。自らの意思で、婚姻届を出さない・縛られないという選択肢を採るパートナーも増えてきています。

　そして、パートナーの結びつき方は、様々な問題に関連していきます。法的な問題に着目すれば、まず、どのような結びつきがある場合に、単なる「交際相手」、ではなく法的な「パートナー」と認められるのか。子供が生まれた場合の認知や、あるいはパートナーの一方が死亡した場合の相続はどうなるのか。

　婚姻届を出していないパートナーの関係については、直接的な規定が法律に存在するわけではありません。そのため、問題の解決は、これまで積み重ねられてきた色々な過去の裁判例や法的な解釈に拠ることになるのです。

　従前、婚姻届を出さない（出したくても出せない）、男女のパートナーの関係は、特に、「内縁関係」というキーワードの下、法的な理論、解釈が構築されてきました。こうした従来的な理論に加え、現在のパートナーの在り方を加味して考えていく必要があります。

　さらに、パートナーの結びつき方は、法的な問題だけでなく、所得税、贈与税、相続税等の税金の問題、年金や社会保険、介護やマイホームの問題等にも関連していきます。

　また、パートナーの結びつき方は、男女の結びつき方だけを意味するわけではありません。東京都渋谷区で、同性のパートナー

を、結婚に相当する関係と認め、「パートナー」として証明書を発行する条例が成立したのは、皆様の記憶にも新しいところでしょう。同性同士のパートナーについても、近年様々な動きが見られ、着目されているところです。

　この本では、弁護士、税理士、社会保険労務士、ファイナンシャルプランナーが、それぞれの専門的な知識に基づき執筆しました。そのため、この本によって問題の網羅的な解決が可能です。

　普段六法全書を持たない方でも根拠条文が参照できるように、条文はなるべく引用し、裁判例やその他の事例についてもストーリーとして読み込めるように、登場人物の名前を固定化して記載しています。一般の方だけではなく、それぞれの士業の方が普段専門とされていない異なる分野について把握しやすいよう努めました。

　分かりやすさを優先したため、裁判例等については一部簡略化、概略化しているところがありますので、この点はご了承ください。

　この本が、多くの方のお役に立つよう、願ってやみません。また、執筆にあたり、弘田貴郎税理士、土屋寿美子社会保険労務士をはじめ、多くの方々にご協力いただきました。この場を借りて厚く御礼申し上げます。

平成27年11月

執筆者代表　弁護士　今井多恵子

Contents

事実婚・内縁関係編

ライフプラン上のポイント ———————————————— 13

- ❶ 事実婚、内縁関係のスタート　13
- ❷ 子供が生まれたら　14
- ❸ 住まいの確保と住宅購入　15
- ❹ 介護が気になったら　16
- ❺ パートナーとの内縁関係の終了　17
- ❻ パートナーの死亡と相続　18

法律の知識 ————————————————————————— 19

- ❶ 法律上の内縁関係とは　19
  - 1．内縁関係と事実婚　19
  - 2．「内縁関係」が認められるためには　21
- ❷ 「内縁関係」として認められることの効果　23
  - 1．「婚姻関係」となった場合に生じる法的効果　23
  - 2．「内縁関係」として認められることの効果　28
- ❸ 「内縁関係」として認められるための要件　30
  - 1．「婚姻意思」とは　30
  - 2．「婚姻意思に基づく共同生活」とは　31
  - 3．補足〜パートナー相互の関係と第三者に対する関係　32
- ❹ 「婚姻意思」とは　33
  - 1．「婚姻意思」の説明　33
  - 2．婚姻意思に関連する裁判例　34

３．婚姻届を出さないことをあえて選ぶ場合の問題点　43

❺　「共同生活」とは　46

１．「共同生活」の解説　46

２．「共同生活」に関連する裁判例　47

❻　「重婚的内縁関係」とは（婚姻障害事由がある場合）　50

１．婚姻障害事由とは　50

２．妻子あるパートナーとの間でも、「内縁」は成立するか

（重婚的内縁関係）　51

３．重婚的内縁関係に関する裁判例　51

❼　子供の誕生と認知　56

１．認知について　56

２．認知をすることによる、子供のメリット　57

３．認知の仕方　58

４．子の氏の扱い　61

５．子の親権　62

６．親権者である母が死亡したら　62

７．養育費の諸問題　64

❽　内縁関係の終了　67

１．内縁関係が終了するとき　67

２．慰謝料等の請求について　68

３．財産分与について　80

４．生活費用の請求　83

５．紛争解決の手段　84

❾　パートナーの死亡と相続等　86

１．相続時の法律上の取扱い　86

２．内縁相手と相続の関係　87

３．子は相続できるか　95

４．事前の対策はどうしたらよいか（遺言書の作成）　97

5．お墓はどうするか　99

6．死後認知　102

7．パートナーが交通事故等で死亡した場合　105

税務の知識 ——————————————————— 110

❶　所得税上の取扱い　110

1．一般的な所得税の考え方　110

2．夫が個人事業をしている場合　116

❷　贈与税の取扱い　118

1．贈与税上の取扱い　118

2．夫婦の間で居住用の不動産を贈与したときの配偶者控除　119

3．基礎控除の活用　120

❸　相続税の取扱い　121

1．相続税上の取扱い　121

　コラム　民事信託を利用した財産の遺し方　125

❹　納税の猶予と差し押さえ　126

1．延納について　126

2．滞納について　127

　コラム　その他の規定　127

社会保険の知識 ——————————————————— 128

❶　会社員（公務員）（厚生年金・健康保険）の場合　128

1．被保険者と「社会保険上の扶養」　129

2．社会保険の保障内容（死亡・障害・老齢時）　133

3．育児中に利用できる社会保障等の制度　147

❷　自営業（国民年金・国民健康保険）の場合　150

1．それぞれが被保険者　150

2．社会保険の保障内容（死亡・障害・老齢時）　151

コラム　国民年金とは　157
コラム　厚生年金とは　158

ライフプランの知識 ―――――――――――――――― 159

❶　保険の加入　159

　1．生命保険の加入　159

　2．医療保険の加入　164

❷　住まいの確保と住宅購入　166

　1．賃貸住宅の入居について　166

　2．共有名義での住宅購入を検討する際の留意点　167

　3．夫婦で住宅ローンを担う際の留意点　168

　4．1人の名義で住宅ローンを組む際の留意点　169

　コラム　「団体信用生命保険」とは　170

❸　介護が気になったら　171

　1．介護の義務の有無について　171

　2．介護施設・医療機関利用時の留意点　172

　3．介護保険サービスの利用について　173

　4．「医療費控除」活用上の留意点　174

　5．「成年後見制度」利用上の留意点　174

　6．勤務先の介護休業制度について　175

同性婚編

ライフプラン上のポイント ——————————— 177

❶ 同性婚のスタート　179

❷ 子供を育てることになったら　180

❸ 住まいの確保と住宅購入　181

❹ 介護の話が出てきたら　182

❺ 同性パートナーの死亡と相続　183

法律の知識 ——————————————— 184

❶ 同性婚とは　184

　1．「同性婚」とは　184

　2．異性間の結びつきを保護する4つのしくみ　185

　3．我が国における同性婚の状況　186

　4．同性婚と養子縁組　187

　5．「(準)婚姻契約」の効果　189

❷ 養子縁組による効果と手続き　190

　1．養子縁組の手続きは？　190

　2．養子縁組をすると苗字はどうなるか？　191

　3．養子縁組をすると戸籍はどうなるか？　191

　4．養子縁組をした後に、元の戸籍はどうなるか？　192

　5．養子縁組をしたことの効果は？　192

　6．養子縁組を解消する場合にはどうするか？　193

　7．「同性パートナーの養子縁組」は有効か？　193

❸ 「準婚契約書」とは　199

　1．契約をどのように位置づけるか　200

　2．契約の限界　200

　3．どのようなことを契約で取り決めるか　201

４．契約はどうやって結べばよいか　204

５．遺言書の作成　205

６．任意後見契約　205

❹　性同一性障害とは　206

１．法律上の「性同一性障害」とは　207

２．性別の取扱いの変更許可の審判とは　207

３．審判を受けるとどうなるか　208

４．名前を変えるには　210

５．以上の要件にあてはまらない人は　210

税務の知識 ———————————————————— 211

❶　所得税の取扱い　211

１．所得税上の取扱い　212

❷　贈与税の取扱い　213

１．贈与税上の取扱い　213

２．住宅取得資金の贈与の特例　214

３．相続時精算課税の選択　215

❸　相続税の取扱い　217

１．相続税上の取扱い　217

２．子供のいないカップルが養子縁組をした場合　217

３．子供のいるカップルが養子縁組をした場合　220

コラム　相続税精算課税の利用方法　224

コラム　民事信託を利用した財産の遺し方　224

社会保険の知識 ——————————————————— 225

❶　会社員（公務員）（厚生年金・健康保険）の場合　225

１．被保険者と「社会保険上の扶養」　226

２．社会保険の保障内容（死亡・障害・老齢時）　228

3．育児中に利用できる社会保険等の制度　　234

　❷　自営業（国民年金・国民健康保険）の場合　　236

　　1．それぞれが被保険者　　236

　　2．社会保険の保障内容（死亡・障害・老齢時）　　237

ライフプランの知識 ———————————————————— 244

　❶　住まいの確保と住宅購入　　244

　　1．賃貸住宅を借りにくい現状　　244

　　2．住宅購入時の名義と財産トラブル　　244

　❷　介護の話が出てきたら　　246

　　1．「親の介護」は一つのきっかけ　　246

　　2．医療機関や介護施設を利用する際の留意点　　247

困ったときの相談先 ———————————————————— 248

索引 ——————————————————————————— 254

本書では分かりやすくするために、判例における登場人物を以下の名前に固定して説明しています。

 春江：本妻

 夏江：先妻

 秋江：内縁の妻

 レナ：浮気相手

凡　例

本書に掲載している判例・裁判例の出典の略称は下記の通りです。

家月…………家庭裁判月報
刑録…………大審院刑事判決録
交民…………交通事故民事裁判例集
高民集………高等裁判所民事判例集
判時…………判例時報
判タ…………判例タイムズ
民集…………最高裁判所民事判例集
　　　　　　（大審院時代の場合は、「大審院民事判例集」）
民録…………大審院民事判決録
労経速………労働経済判例速報
労判…………労働判例

事実婚・内縁関係編

ライフプラン上のポイント
法律の知識
税務の知識
社会保険の知識
ライフプランの知識

いま、「事実婚」を選ぶカップルが増えています。その理由を聞いてみると以下のようなメリットが挙げられています。

・精神的に自由でいられる
・別れても戸籍に×がつかない
・親戚関係とほどよい距離を保てる　　　　　　など

・改姓しなくて済む
・仕事や資格で使っている名前を変更しなくてよい
　　　　　　など

　そう聞くと良いことずくめに思われる「事実婚」ですが、今後の家族のライフプランを見通してみたとき、様々な注意点やデメリットも見えてきます。
　以下では、事実婚カップルのライフプラン上の視点から、理解しておくべきポイントを紹介します。
　なお、カップルの関係を表す言葉として「内縁関係」という言葉があります。事実婚と「内縁」の関係については、19ページをご覧ください。
　また、夫婦別姓、再婚禁止期間については最高裁判所の判断が待たれるところですが、本書では平成27年11月時点での法律を前提としています。

【事実婚・内縁関係編】ライフプラン上のポイント①

事実婚、内縁関係のスタート

　夫婦2人で暮らし始めた時期は、「事実婚」について、メリットが多くデメリットは少なく見えるものです。事実婚ならではの税務上のデメリットも、共働きであれば、この時期においては、あまり影響を受けません。

　とはいえ、夫婦であると証明するものが基本的にないため、住まいの確保や保険加入その他の「事実婚」に起因する不便さについては留意が必要です。

　法律・税務・社会保険で特に理解しておきたいポイントの詳細は、以下の各ページをご覧ください。

■「事実婚、内縁関係のスタート」で特に理解しておきたい知識
- □ 法律上の内縁関係とは ……………………………………………… P.19
- □ 「内縁関係」と認められることの効果 ……………………………… P.23
- □ 「内縁関係」と認められるための要件 ……………………………… P.30
- □ 「婚姻意思」とは ……………………………………………………… P.33
- □ 「共同生活」とは ……………………………………………………… P.46
- □ 「重婚的内縁関係」とは ……………………………………………… P.50
- □ 所得税上の取扱い …………………………………………………… P.110
- □ 贈与税の取扱い ……………………………………………………… P.118
- □ 納税の猶予と差し押さえ …………………………………………… P.126
- □ 会社員の社会保険（厚生年金・健康保険） ……………………… P.128
- □ 自営業の社会保険（国民年金・国民健康保険） ………………… P.150
- □ 生命保険の加入 ……………………………………………………… P.159
- □ 医療保険の加入 ……………………………………………………… P.164

【事実婚・内縁関係編】ライフプラン上のポイント②　子供が生まれたら

　夫婦2人だけであればメリットいっぱいに思えた「事実婚」ですが、子供ができたときに不都合を感じるケースは少なくありません。

　たとえば、生まれた子供は「非嫡出子」となって母親の戸籍に入り、母親の氏を名乗ることになります。子供の戸籍上の「父親」の欄はそのままでは空白になりますので、もしも母親が死亡すると、法的にはその子供に親権者がいない状態になってしまいます。

　父親の氏を名乗らせたいという希望があったり、父親と子供との間に法律婚と同じような親子関係をつくるためには「認知」が必要です。離れて暮らすことになったとしても、子供の生活費や教育費も、「認知」していれば養育費として父親に請求が可能です。

　主なポイントは以下の各ページをご覧ください。

■「子供が生まれたとき」に特に理解しておきたい知識
- □ 子供の誕生と認知 ……………………………………………… P.56
- □ 養育費の諸問題 ………………………………………………… P.64
- □ 所得税上の取扱い ……………………………………………… P.110
- □ 社会保険上の「扶養」 ………………………………………… P.129
- □ 育児中に利用できる社会保険等の制度 ……………………… P.147
- □ 保険の加入 ……………………………………………………… P.159

【事実婚・内縁関係編】ライフプラン上のポイント③ 住まいの確保と住宅購入

　家庭ができたら「住宅」をどうするかは大きな課題です。事実婚カップルが賃貸物件を探す際に、気に入った物件をスムーズには借りられないケースは少なくありません。

　そうかといって、住宅購入に踏み切ることにしても、法律婚の場合とは明らかに違う、事実婚ならではの壁が立ちふさがります。

　また、法律婚のカップルであれば当然に活用ができる「夫婦間の居住用の不動産を贈与した時の配偶者控除」の恩恵を受けることも難しい現状があります。

　事実婚カップルが特に留意しておきたい住宅ローンの組み方のポイントや税務上の留意点の詳細について、以下の各ページをご覧ください。

■住まいの確保に関し特に理解しておきたい知識
□夫婦間で居住用の不動産を贈与したときの配偶者控除 ………… P.119
□賃貸住宅の入居について ……………………………………………………… P.166
□共有名義での住宅購入を検討する際の留意点 …………………… P.167
□夫婦で住宅ローンを担う際の留意点 ……………………………… P.168
□１人で住宅ローンを組む際の留意点 ……………………………… P.169

【事実婚・内縁関係編】ライフプラン上のポイント④ 介護が気になったら

　結婚すると、事実婚パートナーの介護のほか、相手の両親の介護、自分の両親の介護については避けては通れません。

　「事実婚であれば、相手の両親の介護は避けて通れる」と考えて事実婚に踏み切った人もいますが、簡単には割り切れない現状があります。

　いざ介護というときに知っておきたい介護保険関連、医療費控除関連、成年後見制度関連、勤務先の介護休業制度の知識に関する詳細は、以下の各ページをご覧ください。

■介護が気になった際に特に理解しておきたい知識
- □パートナーが障害状態になった場合の保障制度 …………………… P.144
- □介護の義務の有無について ………………………………………… P.171
- □介護施設・医療機関利用時の留意点 ……………………………… P.172
- □介護保険サービスの利用について ………………………………… P.173
- □「医療費控除」活用上の留意点 ……………………………………… P.174
- □「成年後見制度」利用上の留意点 …………………………………… P.174
- □勤務先の介護休業制度について …………………………………… P.175

【事実婚・内縁関係編】ライフプラン上のポイント⑤

パートナーとの内縁関係の終了

　関係が終了するケースには、パートナーの一方が死亡した場合と、一方的な関係の解消つまり、「別れ」の場合に大別できます。

　パートナーの一方が死亡した場合については次ページで紹介しますが、特に、一方的な関係の解消の際には、慰謝料や生活費、財産分与などでトラブルが生じがちです。相手の浮気が発覚した場合の取扱いも、法律婚とどのように異なるのか、裁判例をもとに理解を深めておきたいポイントと言えます。

　詳細は、以下の各ページをご覧ください。

■パートナーの死亡・別れの際に特に理解しておきたい知識
- □内縁関係の終了 …………………………………………………… P.67
- □慰謝料等の請求について ………………………………………… P.68
- □財産分与について ………………………………………………… P.80
- □生活費用の請求 …………………………………………………… P.83
- □紛争解決の手段 …………………………………………………… P.84

【事実婚・内縁関係編】ライフプラン上のポイント⑥ パートナーの死亡と相続

「事実婚」の場合に最も気を付けなければならないのは、事実婚パートナーの死亡と相続等についてです。

事実婚の間柄で一方が亡くなっても、遺されたパートナーには相続権がありません。事実婚では、相続税上で不利な取扱いを受けるという事実を知っておく必要があります。

また、同じお墓に入りたいという希望も、事実婚の場合はそのままでは難しい点に理解が必要です。法律・税務・社会保険で特に理解しておきたいポイントの詳細は、以下の各ページをご覧ください。

■「パートナーの死亡と相続」の際に特に理解しておきたい知識
- □相続時の法律上の取扱い……………………………………………P.86
- □内縁相手と相続の関係………………………………………………P.87
- □子は相続できるか……………………………………………………P.95
- □事前の対策はどうしたらよいか（遺言書の作成）………………P.97
- □お墓はどうするか……………………………………………………P.99
- □死後認知………………………………………………………………P.102
- □パートナーが交通事故等で死亡した場合…………………………P.105
- □相続税上の取扱い……………………………………………………P.121
- □パートナーが死亡した場合の保障制度……………………………P.136

法律	【事実婚・内縁関係編】法律の知識①
	# 法律上の内縁関係とは

【理解しておきたいポイント】

1. 内縁関係と事実婚 ……………………………………………… P.19
2. 「内縁関係」が認められるためには …………………………… P.21

　カップルの関係を表す言葉として、「内縁関係」という言葉を耳にされたことは多いかと思います。

　後ほどお話しするように、法律的な意味で「内縁関係」にある、と認められると、色々な効果が発生します。ですので、法律的な「内縁関係」というのは、特別な関係にある、ということができるでしょう。

　そこで、法律上の「内縁関係」として認められるのはどのような場合なのか等、ここでは、簡単に概略をお話ししていきます。

1. 内縁関係と事実婚

　最近では、「内縁」という言葉より、「事実婚」という言葉を使うことが多くなってきました。内縁と事実婚ではどう違うのでしょうか。

　内縁というのは古くから用いられている言葉で、一般的には、「事実上夫婦として生活しながら、所定の届出を欠くため、法律上の婚姻に至らない男女の関係」【広辞苑】を言います。さらに、法律上の「内縁関係」にある、というためには、後述の「婚姻意思があること」「社会的・習俗的に夫婦と認められる実質を有すること」という要件を満たす必要があります。

　そもそも、戦前の日本では、家父長制や家督相続といった「家」の制度が

事実婚・内縁関係編

同性婚編

困った時の相談先　索引

厳しかったため、婚姻届を出したくても出せないという人も少なくありませんでした。こうした場合に「届出がないから夫婦ではない」と杓子定規な判断をするのもよくないとして、届出がなくても実質的には夫婦関係に至っている場合には「内縁関係」として法的にも一定の保護が与えられてきたという経緯があるのです。

これに対し、事実婚は比較的新しい言葉であり、内縁とほぼ同じ意味で使われることも少なくありませんが、「内縁」は上記のような「届出をしたいが何らかの事情があって出せない」という意味合いで用いられてきたのに対し、「事実婚」は、より積極的に「そのカップルが意図的に届出を『出さない』関係を選択した」といったニュアンスが含まれることも多いようです。

※なお、社会保障関連の法令では、「内縁」という言葉を使わず、「事実上婚姻関係と同様の事情にある者」という表現を用いている場合もあります。

詳細は、「社会保険の知識①」（128ページ）へ。

法律編では、基本的には法律用語として慣用的に用いられてきた「内縁関係」という言葉を用いることとし、特に自由な意思で婚姻届を出さない状態を選択した場合は「事実婚」として、用語を使い分けながら説明していきますので、注意してください。

2.「内縁関係」が認められるためには

ところで、単に「2人のカップルが一緒に暮らしている」「お互いに好きだ」というだけで、それがすぐに法律的な意味での内縁関係になるのではありません。法律相談でも、しばしば「同棲中の彼氏が一方的に出て行っちゃった。絶対許せない！　慰謝料とか、取れるものは全部請求したい」といったご相談があります。こういう場合、相談者は「離婚の慰謝料」とほぼ同じイメージで慰謝料がもらえるものと考えていることが多いのですが、単なる別れ話と、婚姻関係という法律上も強く保護される関係が破壊されたという離婚とでは慰謝料が発生するかどうか、発生するとしてもその額に大きな違いがあります。そして、いわゆる「同棲している」ということと、「内縁関係」という特別な関係が成立しているかどうかは別問題で、「婚姻届は出していないが実質的には夫婦だ」と言えないと内縁関係にはなりません。

では、どうすれば内縁関係と認められるのか？ということになると、これまでの裁判例によれば、①婚姻意思があること、②これに基づいた共同生活があること、すなわち、先ほどお話しした、社会的・習俗的に夫婦と認められる実質を有すること、という2つの要件（条件）が必要とされています（二宮周平著『事実婚の判例総合解説』（信山社、2006年）15頁等）。婚姻意思とは、一般的には「社会通念上の夫婦になる意思」（二宮・前掲書17頁）、要するに、一般的に言う夫婦として生活していこうという意思、がお互いにあることです。「共同生活」とは、そのカップルの実態として、夫婦同様の生

活を送っていることを言います。しかし、抽象的な言葉だけではよく分かりませんので、30ページ以降で具体的に見ていきます。

　また、内縁関係が成立すると法的にも一定の効果が生じますが、それによってどのようなメリット、デメリットがあるのかも知っておく必要があります。効果については、次ページで概略を説明します。

【事実婚・内縁関係編】法律の知識②

法律 「内縁関係」として認められることの効果

【理解しておきたいポイント】

1. 「婚姻関係」となった場合に生じる法的効果 ································ P.23
2. 「内縁関係」として認められることの効果 ····························· P.28

前ページまでで、「内縁関係」の成立が認められると法的にも一定の効果（要件を充たした場合に発生する結果（義務や権利）のことを、法的な用語で「効果」と言います）が生じるということをお話ししました。そこで、ここでは、「内縁関係」の成立によって、どのような法的効果が生じるのか、概略をお話しします。

まず、婚姻届を提出することによって「婚姻関係」にある夫婦となった場合にどのような法的効果が生じるのかを見た上で、届出のない「内縁関係」にも同じような効果が生じるのかどうか比較する形で見ていきましょう。

1. 「婚姻関係」となった場合に生じる法的効果

(1) 「夫婦の同氏」（民法750条）

夫婦は、婚姻の際に定めるところに従い、夫または妻の「氏」を称することになります。男性の山田さんと女性の佐藤さんが婚姻した場合、2人は夫婦として夫の「山田」か、妻の「佐藤」かどちらかの氏を称するわけです。いわゆる「結婚すると名字が変わる」というのはこのことを指しています（ちなみに、「氏」と「姓」あるいは「名字」、「苗字」にはそれぞれ意味の違いがあるのですが、ここでは厳密に考える必要はありません）。

なお、夫婦別姓を認めていない民法750条が憲法に反していないかは、現在、最高裁の判断が待たれるところです。

⑵　同居協力扶助義務（民法752条）

　このように熟語にすると耳慣れない言葉かもしれませんが、民法の条文には、「夫婦は同居し、互いに協力し扶助しなければならない。」と書いてあり、要するにこれを縮めた言葉です。具体的には、同居義務、協力義務、扶助義務の３つの義務に分けて見ていきましょう。

①　同居義務

　「同居義務」とは、婚姻という特別な関係に結ばれた当事者同士である以上、夫婦は、同居し一緒に暮らしていかなければならない、という義務のことを指します。

　一見当たり前のことのようですが、これが法律上の義務とされることの意味は、むしろ夫婦仲が悪くなった場合に発揮されます。つまり、同居の義務があるにもかかわらず、夫婦の一方が理由なく別居を始め、話し合っても解決できない場合には、「別居を止めて、同居してほしい」という調停を家庭裁判所に申し立てることができます（調停については84ページ参照）。本来、未成年でもなければ、自分がどこに住むかは個人の自由であり、他人から干渉されることではありません。それにもかかわらずこのような調停ができるのは、夫婦である以上、法律上同居の義務があるため、このような居住の自由が制約されるからなのです。さらに、調停で合意ができなかった場合は、原則として、「審判」になります。これは、話し合いではなく裁判所による一種の決定であり、同居を拒む正当な理由がないと裁判所が判断すれば「同居せよ」との審判が出されます。　もっとも、このような審判が出されたとしても、裁判所が強制的に同居させることはできません。しかし、審判に違反して別居を続ければ、離婚の際に慰謝料等を請求される可能性が高くなります。そのような意味では、間接的な強制力が働くといえるでしょう。

② 協力義務

「協力義務」とは、夫婦はお互いに協力しあって夫婦生活を送らなければならない、という義務のことを指します。夫ないしは妻の一方だけに婚姻生活の責任を押し付けるのでなく、夫婦が互いに協力し合って生活を送ることが求められているのです。

③ 扶助義務

「扶助義務」とは、夫婦の一方は、他方が自分と同じレベルの生活をすることができるよう援助しなければならない義務（生活保持義務）ということができます。夫婦という特別な関係に立つ以上、一方が困っていれば他方はそれを助けることが必要ということです。

協力義務と扶助義務は密接な関係にあります。たとえば、夫が働いていて、妻が専業主婦をしている等、妻が夫の収入で生活をしていたにもかかわらず、夫が妻に生活費を渡さなくなれば、夫はこの協力扶助義務に違反しているといえます。この場合、妻は夫に対して生活費を払うよう要求することができ、これを法的には「婚姻費用分担請求」と呼んでいますが（民法760条）、これは、協力扶助義務の履行を具体的に求める請求であるということができるでしょう。

なお、この「婚姻費用」には、夫婦の間に未成熟の子がいる場合には子を養育する費用も含まれ、要するに、夫婦が共同体として経済的に生活を維持していくために必要な一切の費用のことで、婚姻関係が継続している限りは相互に負担し続けるのが原則です。これに対し、離婚に至った後は、夫婦間の協力扶助義務もなくなるので、婚姻費用の負担の問題はなくなります。ただし、子との親子関係は夫婦が離婚してもそのままですから、子の生活費や学費等、つまり子の養育費を支払う義務は継続します。もっとも、婚姻費用も、養育費も、夫婦の経済状態によって認められる金額等は異なります。これらは、83ページ以降で詳しくお話しします。

(3) 日常家事債務の連帯責任

すでにお話しした義務とも関わってくるのですが、婚姻している夫婦は協力して共同生活を営んでゆくものですから、夫婦の共同生活に必要とされる一切の事務（たとえば、夫婦や子の食事や衣料等の買い入れ、家具等の購入、子の教育費用等）には、夫婦は連帯して責任を負うことになります。

> **民法761条** 夫婦の一方が日常の家事に関して第三者と法律行為をしたときは、他の一方は、これによって生じた債務について、連帯してその責に任ずる。

そして、協力して共同生活を営む点においては、内縁関係にあるパートナーも同様であるところ、上記の民法761条の趣旨は、内縁関係において当てはまるものと考えられており、内縁関係にあるパートナー同士も、日常家事債務について連帯して責任を負うことになります。

たとえば、家族で居住するために、冬彦さんの名義で家を借りていた場合、冬彦さんが家賃を支払わないので、大家さんが秋江さんに請求してきたとしても、秋江さんは「私には無関係だから」として支払いを拒むことはできません。

(4) 貞操義務

「ていそうぎむ」と読みます。貞操義務とは、夫婦が互いに性的純潔を保つ義務のことです。つまり、夫婦は互いに配偶者以外の者と性交渉をもつべきではない、ということであり、いわゆる「浮気」あるいは「不倫」は、この貞操義務に違反するものとなります。

貞操義務については、法律に直接定めた規定がありませんが、配偶者の不貞行為を離婚原因としていること（民法770条1項1号）等から、夫婦であることの効果として当然に生じる義務であるとされています。夫婦であるのに、一方が第三者と性交渉を持てば、他方はこの規定に基づいて離婚

を求めることができるだけでなく、慰謝料を請求できることにもなります。

(5) 子の嫡出の推定（民法772条）

妻が婚姻中に懐胎した子は、夫の子と推定されます。推定が及ばない場合は、男性が「この子は、自分の子です」という「認知」をしない限り、その男性の子である（法律上の父子関係がある）とは認められません。これも婚姻関係にあることの大きな意味であり、内縁関係の場合はこのような効果は認められません。

(6) その他

その他にも、未成年者が婚姻したときは成年と扱われる成年擬制（民法753条）や、夫婦間の契約取消権（民法754条）など、様々なものが婚姻の効果として挙げられますが、ここでは、夫婦が離婚に至った場合、離婚した夫婦の一方が他方に対して財産の分与を求める権利があるという「財産分与」について説明しておきます。

財産分与は、民法768条に定められていますので、ご紹介します。

民法768条 協議上の離婚をした者の一方は、相手方に対して財産の分与を請求することができる。

2 前項の規定による財産の分与について、当事者間に協議が調わないとき、又は協議をすることができないときは、当事者は、家庭裁判所に対して協議に代わる処分を請求することができる。ただし、離婚の時から2年を経過したときは、この限りでない。

3 前項の場合には、家庭裁判所は、当事者双方がその協力によって得た財産の額その他一切の事情を考慮して、分与をさせるべきかどうか並びに分与の額及び方法を定める。

財産分与には、3つの性質があるとされています。主な要素は、①婚姻

期間中に夫婦が協力しあって作り上げてきた財産を互いに分けあうという性質（清算的要素）です。その他、②離婚後、他方の配偶者が生活に困窮してしまうような場合（たとえば、長年専業主婦をしていた高齢の妻が、新しい仕事を見つけて生活していくのは難しいことでしょう）に、他方の配偶者の離婚後の生活保障をする意味（扶養的要素）もあります。この意味を含めた財産分与をする場合には、離婚後も一定期間、一定額を定期的に支払うという形で行われることもあります。最後が、③慰謝料的要素です。本来、慰謝料は，精神的に傷つけられたことが「不法行為」に該当するために発生する損害賠償の請求であり、上記のような清算や扶養的な要素の財産分与とは性質が異なります。しかし、結局、金銭の支払いが問題となることは同じなので、慰謝料と財産分与を明確に区別せず、まとめて「財産分与」として請求や支払いをすることがあり、この場合、財産分与に慰謝料的要素が含まれているということができます。もっとも、慰謝料については財産分与とは別に算定、請求するのが一般的です。

2.「内縁関係」として認められることの効果

①　では、内縁関係の場合はどうなるのでしょうか、具体的には、ライフプランのそれぞれの項目で見ていくことになりますが、ここでは概略を述べます。

②　一般的には、戸籍の記載に関係のあるような画一的な処理が求められるものや第三者に影響を及ぼすようなものは効果が認められません。たとえば、氏の共通や子の嫡出推定などが認められないのはその例です。また、内縁関係では婚姻関係にある夫婦とは異なり、パートナー同士の相続権も認められません。

③　他方で、社会的には婚姻関係にある夫婦と実質的に同じように生活している以上、当事者の間では、少なくとも一定の範囲で同居、協力・扶助義務、貞操義務が認められます。一方的に内縁関係を破棄された場合

28　法律の知識

や一方が貞操義務に違反をした場合（別の異性と不貞行為をした場合等）には、他方から一方に対して、慰謝料等を請求することも考えられます。また、扶養義務から、生活費（婚姻費用の分担請求と同じ）を請求することも考えられます。

　また、解消に際しては、一定の範囲で、財産分与について請求する権利もあると言えるでしょう（もっとも、解消に際しての原因等、個別的事情の精査は必要です）。

　ただし、同居義務については、カップルが同居して共同生活を営んでいるということ自体が、「内縁関係」にあるかどうかという要素の一つでもあるため、一方に内縁関係を終了させたい意思がある場合にはそれを尊重する必要があります。そのため、婚姻関係にある夫婦と同様の同居義務を導き出すのは困難であり、同居をしていない事情等を加味して慎重な判断が必要になります。

④　また、当事者間のみならず、第三者に対しても内縁関係に基づき請求することができる場面もあります。たとえば、内縁関係に不当に干渉され、それによって内縁関係が終了するに至った場合には、当該第三者に対して損害賠償を請求することが考えられます。たとえば、パートナーの一方が別の女性と不貞行為をし、それが元で内縁関係が終了するに至った場合等です。他にもパートナーの父母が内縁関係に不当に干渉して、関係を終了せざるを得なくなった場合等にも慰謝料請求をすることが考えられます。

　その他、パートナーの一方が働き、他方が家事をしていると言う生活の中、一方が交通事故で亡くなってしまった場合、他方は、その加害者側に損害賠償（扶養請求権の侵害や慰謝料請求）を請求することも考えられます。

⑤　その他、社会保障の観点から認められる事項等は、各々のページで詳しくお話しいたします。

法律	【事実婚・内縁関係編】法律の知識③
	「内縁関係」として認められるための要件

【理解しておきたいポイント】

1. 「婚姻意思」とは ………………………………………………… P.30
2. 「婚姻意思に基づく共同生活」とは ……………………… P.31
3. 補足～パートナー相互の関係と第三者に対する関係 ……… P.32

　前ページまでで、「内縁関係」が認められると生じる効果についてお話ししました。そこで、次に、「内縁関係」として認められるためには具体的にどのような事実が必要なのかを見ていきます。

　19ページ以降でお話しした通り、「内縁関係」と認められるためには、そのカップルが、社会的・習俗的に「夫婦」と認められる実質を有することが必要です。具体的には、①婚姻意思があること、②これに基づいた共同生活があること、という2つの要件（条件）が必要とされています。具体的な裁判例等は35ページ以降で見ていきますが、まずは、概略をお話ししていきます。

1.「婚姻意思」とは

① 「婚姻意思」とは、「社会通念上夫婦になる意思」、つまりは、一般的な夫婦として生活していこうという意思のことを指します。

　　抽象的な言い回しであるため、具体的にどのように解していくかは学説にも諸説あり、判例にもさまざまな例が現れていますが、男女が共同生活を送っていたからといっても直ちに婚姻意思があると認められるわ

けではないところがポイントです。たとえば、恋愛関係にある若いカップルが同棲を開始したとしても、直ちに「夫婦」として生活する意思があるということにはならないことからも分かるように、同棲の合意＝婚姻意思とはいえないのです。

② 　上記の「婚姻意思」というのは、意思という目には見えないものを判断するわけですから、客観的な事情から、「婚姻意思」があったかどうかを判断することになります。たとえば、①儀式（いわゆる結婚式や結納、親への挨拶等）を経ているか、②カップルの年齢、職業等、③共同生活がどのくらいの期間継続しているか、共同生活の中身がどのようなものか、④親族、友人らといった周囲の認識がどのようなものであったか、といった諸事情を加味しての判断になるのです。ただし、当然のことですが、内縁では婚姻届は提出しませんので、届出行為に向けた「届出をする意思」は不要です。

2.「婚姻意思に基づく共同生活」とは

これは、そのカップルの実態としていわゆる法律上の夫婦と同様の生活を送っていることを言います。婚姻の届出という形式がない以上、内縁関係が認められるためには、当該カップルが夫婦として共同生活を送っているという「実体」が必要です。

しかし、この「共同生活」も抽象的な言葉です。裁判例は後述していきますが、24ページで述べたように、婚姻関係にある夫婦は、相互に同居・協力・扶助義務、貞操義務を負っており、これは夫婦関係にとって本質的に重要な要素といえます。したがって、内縁関係にあっても、同居し、互いに協力かつ扶助しあい、かつ互いを唯一のパートナーとしている生活状態があることが必要です。

もっとも、たとえば「夫が妻子を残して海外に数年間単身赴任」といったケースを考えれば分かるように、夫婦は必ず同居しているわけではあり

ませんので、形式的に「完全に同居していないから」といって内縁関係が認められないかというとそういうこともありません。一方の家で週に数日寝泊まりしていたという状況でも他の事情を総合的に考慮して内縁関係の成立が認められたという例もあり（最高裁平成12年3月10日決定（民集54巻3号1040頁））、一概には言いにくいのが実情です。結局は、お互いがどのような生活を営んでいたのか、そして期間がどのくらい継続していたのか等の客観的事情を総合的に考慮して判断することになります。

3. 補足～パートナー相互の関係と第三者に対する関係

　最近では、内縁関係を誰が誰に対して主張していくかによって内縁の成立を相対的に考えるという見解が有力になっています。パートナー相互の関係（この場面では、内縁の不当破棄（婚姻関係で言えば離婚）が主に問題になります）では当事者の当初の意思を尊重して内縁関係の成立を緩やかに認め、第三者との関係（たとえば浮気相手に対する損害賠償請求や、パートナーの一方が死亡した場合に起こるその親族との相続争いなどが問題になります）では、十分な客観的実態がない限り内縁関係とは認めないという考え方です。具体的な裁判例（判例）を見ていく上でも参考になる考え方といえるでしょう。

〈まとめ〉

　婚姻意思、婚姻意思に基づく共同生活があるかどうかの判断は、客観的な事情を加味して判断されることになります。そこで次ページ以降では、具体的な判例を見ていきましょう。

【事実婚・内縁関係編】法律の知識④

法律 「婚姻意思」とは

事実婚・内縁関係編

同性婚編

困った時の相談先

索引

【理解しておきたいポイント】
1. 「婚姻意思」の説明 ……………………………………………………… P.33
2. 婚姻意思に関連する裁判例 …………………………………………… P.34
3. 婚姻届を出さないことをあえて選ぶ場合の問題点 …………………… P.43

1.「婚姻意思」の説明

① 「婚姻意思」とは、「社会通念上夫婦になる意思」つまりは、一般的な夫婦として生活していこうという意思のことを指します。婚姻意思があるか否かは、客観的な事情から、「婚姻意思」があったかどうかを判断することになるところまでは、30ページでお話ししました。

② なお、上記の「婚姻意思」というものを、どのように捉えていくか、という点については、いくつかの学説が対立するところです。ただし、婚姻意思は、内縁関係の有無を判断する際のみならず、偽装結婚の判断や、婚約（法的には「婚姻の予約」）が成立していたかどうか等、多岐にわたる問題の判断要素とされているところ、内縁関係の観点のみから定義づけられるわけではありません。

③ ごく簡単にお話しすると、学説としては、①実質的意思説、②形式的意思説等があります。①は、男女において社会生活上、「夫婦」と認められる関係を形成しようとする意思の合致があり、② それが婚姻の届出という形式に表現されることによって、法律上の「婚姻」が有効に成立するとする考え方です。一方、②は、「婚姻届」を提出する意思をもって

33

婚姻意思とする考え方です。

　この点、判例は婚姻について「実質的意思説」をとっているとされています。

　最高裁昭和44年10月31日判決（民集23巻10号1894頁、判タ241号77頁）では、「たとえ婚姻の届出自体について当事者間に意思の合致があり、ひいては当事者間に、一応、所論法律上の夫婦という身分関係を設定する意思はあったと認められる場合であっても、それが、単に他の目的を達するための便法として仮託されたものにすぎないものであって、前述のように真に夫婦関係の設定を欲する効果意思がなかった場合には、婚姻はその効力を生じないものと解す」べきとして、男女相互間において、社会生活上、「夫婦」と認められる関係を形成しようとする意思の合致を求めています。

2．婚姻意思に関連する裁判例

① 　婚姻意思、つまり、社会生活上夫婦として生活していこうとする意思、があるかどうかを認定するためには、主観的な要素のみならず、客観的な事実から判断していくことになります。これは後述する、「婚姻意思に基づく共同生活」の要件とも相互に関連しあっています。客観的に、社会的な夫婦と言える共同生活が続いていれば、そのような共同生活をしている以上婚姻意思があると認められる場合もありますし、逆に、婚姻意思が法的に強く認められるのであれば、「共同生活」の期間が短くても、「内縁」が成立すると認められる場合もあるからです。

　それではまず、婚姻意思を認定する客観的な要素を見ていきましょう。

② 　婚姻意思を客観的に認定する要素の一つとして、「結婚式を挙げていること」があります。「これから夫婦としてやっていきますよ」と社会的・対外的に示す行為ですから、婚姻意思を認定するための、強い要素と言

えるからです。そのため、挙式がある場合には、共同生活が短期であっても、法律的な「内縁関係にある」と認められやすくなります。いくつか裁判例をご紹介します（なお、先に、105ページの「**パートナーが交通事故等で死亡した場合**」の扶養権の侵害の項目にさっと目を通していただくと分かりやすいでしょう）。

＜千葉地裁佐倉支部昭和49年7月15日判決（交通民集7巻4号1026頁）＞

事例 冬彦と秋江は、冬彦の実家で結婚式を挙げ、新婚旅行にも行き、同居生活を送っていた。2週間程度同居の後、冬彦が交通事故で死亡。葬儀は妻としての立場で喪主として秋江が執り行った。秋江は、加害者に対して、扶養権の侵害による損害賠償や慰謝料を求めて、訴訟を提起した（なお秋江は自賠責保険から約230万円を受領済みであった）。

判旨 秋江と冬彦について内縁関係にあるとして、加害者に対する損害賠償を認めた（慰謝料200万円、扶養喪失による損害賠償として約215万円、弁護士費用として約40万円）。

- 秋江と冬彦は結婚式を挙げ、同居生活を送っていた。
- 冬彦が交通事故で死亡。秋江は喪主として葬儀を行った。
- 秋江は加害者に対して、扶養権の侵害による損害賠償や慰謝料を請求

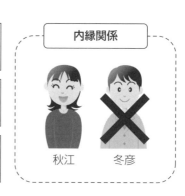

> **＜大阪地裁昭和60年4月19日判決（交通民集18巻2号537頁）＞**
>
> 事案　秋江は冬彦（事故当時34歳）と約1年9か月、同居生活をしていたが、冬彦が事故で死亡したため、秋江が加害者側に慰謝料等を請求した事案。
>
> 　なお、生活費は、冬彦が負担し、秋江の収入は、新居に入居した当時ほとんど何もなかった家財道具類を買い揃えるのに充てられていた。また、両名には、挙式する予定があり、秋江の妹の結婚式に冬彦が夫として出席し、また、冬彦の葬儀には秋江が妻として列席し、冠婚葬祭で家族の一員として扱われていたこと、また秋江の勤務先の上司も冬彦を夫として認識していたこと等の事情があった。
>
> 判旨　上記事案において、諸事情から、1年9か月ほどの同居で「配偶者と実質的に同視しうべき実体関係」と認め、約170万円の損害賠償を認めた。

③　上記のように、挙式（ないしその予定）は婚姻意思を認定する強い要素ではありますが、ほかにも、色々な要素はあります。共同生活の内容や経緯がどのようなものであったか、その継続期間、さらに細かく言えば、性的関係の継続性、妊娠の有無、生計を同一にしていたかどうか、親族や第三者に、家庭生活のパートナーとして紹介しているか、相互の親族の行事（冠婚葬祭）への出席があるか等の諸要素があります。

④　上記の諸事情の考慮のされ方について、下記の判例が参考になります。前記の千葉地裁佐倉支部昭和49年7月15日判決と同じように、第三者に対して妻に準じる立場を主張して、損害賠償請求をして認められなかった事案になりますが、ご紹介しておきます。

＜東京地裁昭和49年7月16日判決（判時769号65頁）＞

事例 秋江は、勤める飲食店で客として来た冬彦（人夫、左官兼運転手。各地の建設工事現場を転々とする生活を送っていた）と知り合い、約4か月後に、アパートで同棲を開始したが、3か月あまりの同居の後、冬彦は交通事故で死亡した（冬彦は事故当時34歳、秋江は42歳）。そこで、秋江は、加害者に対して、内縁の妻として、法律上の配偶者に準じる立場にあるとして、損害賠償請求（扶養利益の喪失による損害や慰謝料の請求）を起こしたという事案。

なお、両名は、結婚式や記念撮影等、内縁関係を外部に出す行事は一切しておらず、冬彦の弟・妹に秋江を紹介したのみで、冬彦の父母は、秋江と冬彦が同棲生活を送っていたということを知らなかった。また、2人の生活費のために冬彦の収入がどのくらい充てられていたかは不明瞭であり、また、葬式においても秋江は参列をしたという事情しかなかった。加えて、冬彦は、第三者には、前妻夏江の住所のある市内に居住している旨称していた、という事情があった。

判旨 裁判所は、3カ月余りの同居があったものの、「共同生活の永続性に疑問」があるとした上で、秋江が、妻に準ずる地位にあったというためには、冬彦と秋江が、「終生にわたって夫婦として生活を共同にする意

秋江と冬彦はアパートで同棲を開始。約3か月後、冬彦が交通事故で死亡。

秋江は加害者に内縁の妻として損害賠償請求

| 冬彦の母は二人の同居を知らなかった | 二人の内縁関係を外部に出す行事なし | 秋江は葬式には参列しただけ |

秋江　冬彦

思で、社会的にみて法律上の夫婦と同視し得る生活関係にあったことを要する」ところ、2人の間柄は、「双方の職業、年令、経歴、社会的地位を考えれば、男女の一時的な結合関係にすぎないと見る余地がかなりあり」、到底これをもって夫婦と同視しうる関係とはいえない、として秋江の主張を認めなかった。

　この裁判例では、内縁について、「終生にわたって夫婦として生活を共同にする意思で、社会的に見て法律上の夫婦と同視し得る生活関係」が必要である、とした上で、さらに、その男女関係の年齢、生活状態および同居期間、第三者の認識といった諸事情を勘案していって結論が導かれています。

　次に、最近の事案を見ていきましょう。

＜東京地裁平成23年4月28日判決（労判1037号91頁、労経速2117号3頁）＞

　事例　冬彦は某大学の教職員をしており、当該大学の就業規則には、死亡退職金を受け取れる者として「職員の死亡当時事実上婚姻関係と同様の事情にあった者」との定めがあった。故人と交際をしていた秋江は、自己が上記に該当するとして、死亡退職金を大学に請求したという事案。

　事情として、冬彦と秋江は、従前、タキシードとウェディングドレスで記念撮影をしたことがある。また、冬彦は生前、秋江のことを第三者（知人、教え子）に対し「パートナー」として呼称していた事情はある。

　一方で、秋江は冬彦の自宅とは別の住所地を住民票上の住所としており、冬彦も、自宅の居室の賃貸借契約に当たって秋江を同居人として申告していなかった。また、冬彦の父母らと秋江は会ったことはあるものの、上記記念撮影の件を冬彦の親族らは知らず、秋江について単なる交際相手としての認識しかない（親戚づきあいと呼べるほどの付き合いは

ない)。冬彦の父母と親族宛ての年賀状も冬彦と秋江の連名ではなく冬彦の単名で出されていた。また、冬彦の職場の同僚たちも、秋江を内縁の妻として認識していなかった。

生計についても、両者は各々仕事を持ち、異にしていた。

また、冬彦の死亡時には、秋江は、自らを故人の「同居者」と表示(「妻」等と表示していない)して諸手続を行い、葬儀においても喪主を務めていない。

判旨 ①原告(秋江)は故人(冬彦)の自宅とは別の住所地を住民票上の住所としており、故人も、自宅の居室の賃貸借契約に当たって原告を同居人として申告しておらず、両者には同居の事実が認められない、②故人が生前に原告を「パートナー」と呼称していたからといって直ちに「内縁の妻」として遇していたとはいえず、原告も故人の死亡時に自らを故人の「同居者」と表示して諸手続を行っており、夫婦としての共同生活と認められる関係を成立させる意思があったとはいえない、として、原告の請求を棄却した。

秋江と冬彦が交際中、冬彦が死亡。

秋江は冬彦の勤め先に死亡退職金を請求。

| 二人の住所は別で、同居の事実が認められない | 死亡時の諸手続きを「同居者」で処理した | 秋江は、葬儀の喪主を務めていない |

秋江　冬彦

この裁判例は、共同生活の実態がなかったことを大きな理由として内

縁関係の成立を否定するものですが、ほかにも様々な要素（親族への関わり方、細かいところでは年賀状の記載、同僚への紹介等）を勘案し、「夫婦としての共同生活と認められる関係を成立させる意思があったとはいえない」との結論を導いています。この事例のように、当事者（冬彦・秋江）間の問題（たとえば内縁関係の不当破棄で秋江が冬彦を訴えるというケース）ではなく、第三者との関係で内縁関係の成否が問題になると、判例は、細かい事情も斟酌して、特に慎重に内縁関係の成否を決定していく傾向にあります。

⑤　それでは、逆に内縁関係が認められた事例を見ていきましょう。

　　パートナーの一方の婚姻意思が十分に認定できなくても、諸事情を勘案して、内縁関係を認定した事例もあります。

<岐阜家裁昭和57年9月14日審判（家月36巻4号78頁）>

事例　秋江と冬彦は、同居生活は7年に及び、その間、冬彦の事業のために秋江が保証人になったりもしていたという事情がある中で、秋江が申立人となり内縁解消に基づく財産分与を相手方に求めた事案。

判旨　「申立人と相手方の同棲は、婚姻届のなされていないのはもとより、婚約、結納、結婚式、結婚披露などの対外的公示行為は全くなく、正に相手方の述べるとおりずるずるべつたりと性関係に入り同棲生活を続けて行つたものであつて、その間にはつきりした結婚の約束が交わされた形跡もなく、むしろ申立人側の入籍（婚姻届）要求は相手方より拒否ないし無視され続けていたものであり、しかも相手方は申立人との同棲中にも学院の女事務員など複数の女性と継続的な性関係を持つていたものであるから、申立人の婚姻意思はともあれ、相手方の婚姻意思には疑義がないではない。しかしながら、その同棲生活は少くとも7年近くの期間に及ぶものであつて、しかも相手方はその間申立人を、○○店賃借の保証人としたり、○○店、○○店の売上金管理や銀行取引（この点に

40　法律の知識

関し、取引銀行である○○○○信用組合○○支店側では、銀行取引は主に申立人がしたこと、貸付交渉にも申立人が顔を出したこと、(略)、申立人を相手方の妻と思い奥さんと呼んでいたが相手方より異議は出なかつたことを述べている)を申立人にさせたりしていたものであつて、申立人を単なる野合の相手として扱つていたのではなく、やはり事実上の妻として遇していたものと判断せざるをえない。したがつて両者の関係は事実上の婚姻関係即ち内縁と判断される。」

<大阪地裁平成3年8月29日判決(家月44巻12号95頁)>

事例 公務員であった冬彦(当時37歳)と秋江(当時31歳)は、冬彦の上司の仲介にて知り合い、交際を開始し、肉体関係を持つようになった。約4年後、冬彦が持病のために9か月入院をした際には、秋江が看病をした。しかし、冬彦の退院後、冬彦が婚姻届を出そうとしないことに悩み、秋江は暫く交際を止めたが、数年後、再び交際が始まった。同居はないが、お互いの住居を頻繁に行き来し、冬彦が秋江の自宅に泊まることも多くなり、夫婦としてツアー旅行に出かけたりもした。再度の交際開始から約9年後、冬彦が入院し、秋江は、会社を休みながら看病を続け、同人が危険な状態に陥ったことからその実家に連絡をとり、冬彦の親族は、これにより初めて秋江との交際を知った。その後冬彦が死亡し、死亡退職金約2,000万円等が支払われることになり、秋江と相続人らがその権利を争った事案である。

判旨 「事実関係よりすれば、秋江は冬彦といずれ正式に婚姻届出がなされることを前提として、夫婦と同様の認識をもって冬彦との関係を継続していたものであり、両者の関係が右のとおり長期にわたって継続してきたことは、冬彦が秋江の認識と全く異なる認識で交際を継続してきたことを窺わせるに足りる的確な証拠もないので、冬彦も秋江と同様の

認識で関係を持っていたものと認めるのが相当である。

そして、冬彦と秋江とは互いに別々の住まいを持っていたとはいえ、前記認定のとおり、互いに相手方のマンションに行き来して、特に冬彦は秋江のマンションに頻繁に寝泊まりして生活し、夫婦としての宿泊旅行もしており、また、前記認定の事実からすれば、身体的に虚弱な冬彦は秋江を精神的にも日常生活の上でも頼りにし、秋江もこれに答えて生活していたものであり、<u>冬彦と秋江との間には、精神的にも日常の生活においても相互に協力し合った一種の共同生活形態を形成していたものと認められるので、冬彦と秋江とは事実上夫婦と認めるのが相当である。</u>」として、上記死亡退職金について、秋江に帰属するものとした。

上記裁判例は、冬彦が婚姻届を出してくれない中、秋江と冬彦が、同居までには至らないものの、交際期間（肉体関係も含む）が極めて長期に渡り、頻繁に行き来や宿泊があったこと、秋江が看病等を行っていたことから、内縁関係を認めています。

⑥　なお、その他の勘案要素として、住民票の届出や契約書の記載等が考えられます。

たとえば、冬彦と秋江が共同生活を送っていたとします。この場合、住民票を届け出るにあたり、世帯主を冬彦とし、秋江について続柄を「同居人」として届けるのに止まらず、続柄の記載を「妻（未届）」として届け出ることもできます。そうすると、今後、発行される住民票では、「妻（未届）」と続柄が記載されます。公的な届出に、「妻」との表記になることから、婚姻意思およびそれに基づく共同生活があると言いやすくなり、内縁関係を認める大きな要素となります。

その他、社会保険において第3号被保険者として登録している（129ページ参照）ことも要素となるでしょう。

また、公的な書類ではありませんが、各種契約書（たとえば賃貸借契

約書等）に妻という記載があることも要素となると考えられます。

⑦　その他、パートナー同士で、「事実婚（内縁）契約書（準婚姻契約書）」を作成しておくということも昨今行われています。事実婚、積極的に婚姻届を出さないことを選択するパートナーにおいては、このような契約書を作成しておくことは、事後の共同生活をきちんと取り決めておくと言う意味でも有用です。

　この契約書は、互いに結婚を意識しながら同居生活を送っている者や、籍を入れない（婚姻届は提出しない）けれど、家庭生活のパートナーとして今後も生活を送っていくことを決めた者が、たとえば③今後も相互に協力しあって同居生活を送り、貞操の義務を守ること、⑤家事等の分担、生活費の分担等に関すること、ⓒ関係が破たんして別れた場合の財産分与に関すること、④手術や入院の際の、同意に関すること、ⓔ年金分割に関すること、等を取り決めて書面化したものです。

　このような書面を作成しておくことは、将来的な紛争を防止するためにも役立ちますし、婚姻意思を認定するための要素の一つにもなるものと言えるでしょう（なお、【同性婚編】の「法律の知識③」（199ページ）で、パートナー契約書（準婚姻契約書）について触れていますので、そちらもご覧ください）。

3．婚姻届を出さないことをあえて選ぶ場合の問題点

①　昨今の価値観の多様化の中で、あえて「籍を入れない」「婚姻届を出さない」という選択をするカップル、つまり事実婚を選択するカップルも増えてきました。たとえば、女性が仕事を持っている場合、姓が変わることによる不利益等を鑑みて、あえて届出をしないという選択をする場合、あるいは法律に縛られたくないというスタンスから上記の選択をする場合もあります。

②　沿革としては、「内縁関係」は、婚姻届を出したくても出せない（特に

女性側）の保護を目的として法律上考え出された理論です。また、かつては、そもそも法律婚の意味が十分理解されておらず、届け出をする意味が十分理解されていなかった等の事情もありました（なお、大阪地裁平成3年8月29日判決のように、昨今では、一方が婚姻届の提出になかなか応じない中で事実上夫婦として生活してきた他方のためにも用いられる等、その範囲は広くはなってきています）。

　しかしながら、当事者同士で、あえて婚姻届を「出さない」という決定をした場合について、法的保護を与えるべきか、ないしどこまで与えるべきかについては学説上、争いがあるところです。日本は本来的には法律婚制度を採用している国であり、また、現在では昔と違って法律婚と内縁は明確に区別できますので、法律婚をすることを望むならば婚姻届を出すことは容易です。それにも関わらずあえて婚姻届を出さないという選択・決定をしたということは、「自己の共同生活に法律婚としての処遇を受けることをいざきよしとしない」ということなので、これを婚姻と同視し、婚姻に準じる関係として保護する必要はないという見解も有力です（青山道夫・有地亨編『新版注釈民法(21)』(有斐閣、1989年)175頁)。

③　判例理論において、上記のような事実婚をどのように扱うかということは理論が未だ確立していません。もっとも、32ページで述べたように、法律的な「内縁関係」を誰が誰に対して主張していくかによって内縁の成立を相対的に考えるという見解が有力であり、特に、パートナー相互の関係では当事者の当初の意思を尊重して「内縁関係」の成立を緩やかに認めるのが妥当ではないかと考えられます（もちろん「内縁関係」の成立のための客観的事情が備わっているか検討する必要はあります）。

　現に、東京高裁昭和47年11月30日判決（判時691号27頁）では、韓国人男性と日本女性のカップルが、国籍の違い等から正規の夫婦になる意図がなく、あえて法律上の婚姻をしないというスタイルを選び、約16年間、事実上の夫婦として生活してきた事案において、「法律上所定の手続きに従って婚姻し、正規の夫婦となる意思が」なく、「いわゆる内縁関係の

夫婦と呼ぶことは相当ではない」としながらも、内縁関係に準じる社会的存在として、不当破棄についての慰謝料を認めています。

　したがって、今後の判例理論の展開が待たれるところですが、あえて事実婚を選んだ場合であっても、パートナー相互の問題（相互間に認められる同居、扶助協力義務、貞操義務の問題、財産分与等の問題）については、内縁関係と同様に扱われるのではないかと考えられます。

　第三者に対する関係では、個別具体的事情に基づきこれまでの裁判例を踏まえ一層慎重な判断がなされることが予想されます。

法律	【事実婚・内縁関係編】法律の知識⑤
	「共同生活」とは

【理解しておきたいポイント】
1. 「共同生活」の解説 ……………………………………………………… P.46
2. 「共同生活」に関連する裁判例 ………………………………………… P.47

1.「共同生活」の解説

　内縁関係が成立するためには、「婚姻意思に基づく共同生活」があること、つまり、実態としていわゆる法律上の夫婦と同様の生活を送っていることが必要になります。

　そして、「法律上の夫婦と同様の生活」、と言えるためには、一般的には、同居し、互いに協力かつ扶助しあい、かつ互いを唯一のパートナーとしている生活があることが必要です。すなわち、パートナーとしての同居が一定期間継続していることが必要と言えるでしょう。

　もっとも、特に現代では、男女には様々な事情がありますし、二人の生活の継続期間のみならず、お互いがどのような理由でどのような生活を営んでいたのかの事情を総合的に考慮して判断することになります。また、婚姻意思が強固に認められる場合には、共同生活の期間が短くても、あるいは完全な同居にまで至っていなくても、婚姻意思の表れとしての「共同生活」が認められ、内縁の成立が認められることがあります。

46　法律の知識

2.「共同生活」に関連する裁判例

① 「法律の知識④」の35ページでご紹介した裁判例にありますように、挙式していること、挙式の明確な予定があるということであれば、社会的に夫婦として生活していく意思、つまり婚姻意思が強固に認められるので、短期間の共同生活でも「内縁関係」が認められます。

② 上記のような事情がない場合、同一の住居での生活が一般的には必要ですが、継続的な、同一の住所での「同居」がなくても、「内縁関係」が認められた裁判例について触れておきます。

＜福岡地裁昭和44年8月26日判決 (判時557号90頁) ＞

事案 昭和40年3月ごろ、秋江は夫も2人の子供もいたが、冬彦を誘い（秋江は冬彦より8歳年上）、肉体関係を持つに至った。秋江は生命保険会社の某所の営業所長をしており、冬彦は、不動産業を営んでいた。当初2人は遊びのつもりだったが次第に本気になり、昭和41年12月ごろには、知人に仲人を頼みに行った。その知人が、秋江には夫も子供もいるということを言って考え直すように言い聞かせても、2人の意思は変わらなかった。両名は、互いの住居を行き来し、肉体関係を持っており、昭和42年2月ころ、秋江は、冬彦の子を妊娠した。そこで、冬彦は、子を認知する書面を作成した。（子は、後に死産）しかし、冬彦の父が、2人の関係に強く反対（秋江が8歳年上で2人の子供もいることから反対した）ため、同年5月、冬彦は両者の関係を解消した。そこで、秋江が、慰謝料を請求して、冬彦とその父を訴えたという事案。

判旨 ①2人が、肉体関係を持つに至った後に仲人を依頼し、第三者が秋江が既婚者で子供も居ることを言って考え直すようにとしても、両者の結婚したい意思が変わらなかったことから両名に、「内縁関係を成立させようとする合意が存在した」とし、②「夫婦は通常、単一の住居にお

いて同棲生活をするもの」であるから、本件について「同棲生活と認めるかどうかは一つの問題」としながらも、「両人の仕事の性質、離婚後も、暫くの間は人目をはばかる気持をもつのが世間一般のつねであることその他諸般の事情を総合すれば、本件のような生活の仕方も同居生活の一つの形態と認められ」、従って、両者には内縁の事実が存在したと考えるのが相当、とした。③その上で、秋江が年上で子供が２人いることは冬彦も事前に理解していたことであるから、これを理由として内縁関係を破棄するのは不当であるとして、冬彦に対して慰謝料を認めた。ただし、金額としては、当初いわゆる重婚的内縁関係であったこと、秋江からの誘いであったこと、同棲生活と評価できる期間が約６か月と、短いこと等を勘案して、25万円を認めるに止めた（冬彦の父に対しての慰謝料請求は、８歳年長で夫も子もいる女性との結婚に反対することに違法性はないとして、認められなかった。なお、第三者が内縁関係に干渉した場合の、慰謝料請求については、79ページをご覧ください）。

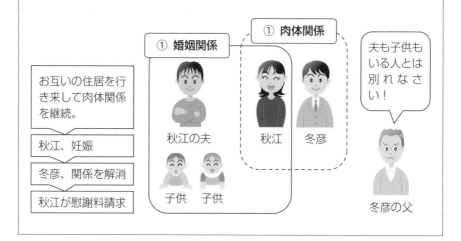

この裁判例では、内縁関係の成立要件としての「共同生活」は、たとえばパートナーの一方に夫がいるというような事情がある場合、必ずしも

２人が同一の住居にて同棲生活をしていなくても良いとしています。

　また、両名が第三者に婚姻する意思を明示し、その第三者からの説得にも翻意しないという事実に加え、肉体関係が継続し、秋江が妊娠したという事実がある中、6か月程度の同棲期間でも内縁の成立を認めています。

　当該裁判例は、秋江・冬彦の二当事者間の問題（内縁の不当破棄による損が賠償請求）ということもあると思われますが、共同生活について、上記のように柔軟に解釈しているのです。

③　そのほかにも、「法律の知識④」41ページで触れた、大阪地裁平成3年8月29日判決も、同一の住居での同棲した生活でなくても、内縁関係の成立を認めています。

　特にこの裁判例では、冬彦と秋江との間では、「精神的にも日常の生活においても相互に協力し合った一種の共同生活形態を形成していた」ものとして、共同生活を認めています。このように、「共同生活」の概念は、柔軟に解される傾向にあります。

④　一方で、75ページでご紹介している、最高裁平成16年11月18日判決は、両者が共同生活をしたことがまったくなく、共同の財産もないこと、子供の養育についても女性が一切関与していないこと、両者が法律的な婚姻を意図的に避けていると言える事情があること等を勘案して、関係の解消に対する、女性側からの慰謝料請求を認めていません。

　特に現代社会では、女性も男性と同様に自己の仕事を持って働き（婚姻後であっても家計が別々になることもあり得る）、婚姻自体に対する価値観も多様化しています。ですので、共同生活を認めるかどうか、内縁関係を認めるかどうかは、上記のように、精神面でも生活面でも（単に家計の問題だけではなく）互いに協力し合って一つの家庭を営んでいると言えるかどうか、が重要になってくると思われます。

【事実婚・内縁関係編】法律の知識⑥

法律

「重婚的内縁関係」とは（婚姻障害事由がある場合）

【理解しておきたいポイント】

1. 婚姻障害事由とは ……………………………………………… P.50
2. 妻子あるパートナーとの間でも、「内縁」は成立するか
   （重婚的内縁関係）……………………………………………… P.51
3. 重婚的内縁関係に関する裁判例 …………………………… P.51

---

1. 婚姻障害事由とは

　当時者に婚姻する意思があって、法律上の婚姻（届出）をしようとしても、婚姻の成立に障害となる事由があります。これを婚姻障害事由、といいます。婚姻障害事由がある場合には、その婚姻の届出は受理されません。受理をされたとしても、⑤以外は、その婚姻について、取り消し原因となります。

＜婚姻障害事由＞

① 　婚姻適齢……男性は満18歳、女性は満16歳にならなければ婚姻できません。民法731条で定められています。
② 　重婚禁止……後述します。
③ 　再婚禁止期間……女性は、民法733条により、前婚解消又は取消から6か月過ぎなければ再婚できません。
④ 　近親者間の婚姻禁止（民法734条〜736条）
⑤ 　未成年者の婚姻について父母の同意がないこと（民法737条）

50　法律の知識

本章では、特に問題となりやすい、②と内縁関係の成立について見ていきます。

なお、再婚禁止期間の規定は、夫婦別姓を認めていない民法750条の問題と同様、その違憲性について最高裁の判断が待たれるところです。

2. 妻子あるパートナーとの間でも、「内縁」は成立するか（重婚的内縁関係）

「重婚」とは、法律上の婚姻関係にある者が、重ねて婚姻をすることを言います。日本は一夫一婦制の国であり、民法において、このような重婚は禁止され（732条）、これに違反した婚姻届は前述の通り、受理されません（740条）。

一方で、法律上の婚姻関係にある者が、他の者と内縁関係にある場合を「重婚的内縁関係」と言います。例えば、春江と婚姻関係にある冬彦が、春江と上手くいかず、別居状態になり、その後秋江と共同生活を送るようになった場合、この冬彦と秋江との間に「内縁関係」が成立するのかどうか、が問題になります。これは、冬彦により一方的に関係が終了させられた時、秋江が慰謝料を請求できるのか等の問題につながります。

裁判例の傾向は、先の法律婚（春江・冬彦）が継続していても、それが全く夫婦としての実態を失っている場合には、後の関係（秋江・冬彦）についても通常の「内縁」に準じる関係の成立を認め、一定の効果を付与しようというものです。法律婚の方が実態を失っているかどうかについては、当事者（春江・冬彦）の離婚の意思や別居の期間、両者の交流の有無、重婚的内縁当事者（秋江・冬彦）の共同生活の実態や期間を勘案して決められます。

3. 重婚的内縁関係に関する裁判例

① 重婚的内縁関係において、内縁関係の成立を認め、保護を与えたもの

を見てみましょう。

＜広島高裁松江支部昭和40年11月15日決定（高民集18巻7号527頁、家月18巻7号33頁）、財産分与申立却下審判に対する即時抗告事件＞

事案　冬彦は大正15年に春江と婚姻し2人の子をもうけたが、冬彦がレナを妾として囲うなどしたことから春江は愛想を尽かし、昭和12年ごろ2人の子を連れて別居し、その後音信不通となった。冬彦はレナの死亡後、レナとの間の子とともに2人で暮らしていたところ、冬彦の知人夫妻から秋江を紹介され、「春江との結婚は戸籍上残っているだけであり完全に破綻している、秋江とは入籍できなくとも夫婦として一生を共にする」と言って、昭和22年に秋江との結婚式を挙げた。冬彦と秋江との間には子が1人生まれたが、挙式後1年余りで両者は不仲となり、秋江は昭和27年から昭和36年までの間、冬彦と別居のうえ肺結核の治療のため入退院を繰り返した。その後秋江は冬彦のもとに帰ったものの寝食を別にしており、冬彦との夫婦生活を続ける意思は既になく、冬彦に対して内縁関係解消に伴う財産分与を求めた。

　　原審（松江家裁出雲支部）は申立てを却下したので、秋江が即時抗告をした。

判旨　「重婚的内縁であつても、それが夫婦共同生活体としての実質を備えるときは、ある種の保護は与えらるべきである。」として、その実質を備えるためには、「法律婚が事実上永らく離婚状態にあつて復活の見込もなく、全く戸籍上に形骸を止めているに過ぎないことが必須の要件となるであろうし、その他夫婦が共同生活の本拠を有して相当期間公然的な共同生活を継続し、周囲からも容認されているようなことも必要であろう。即ち、自から一般の内縁より、厳格な要件が必要」とした上で、本件については、法律婚が形骸化しているとして、財産分与を認めている。

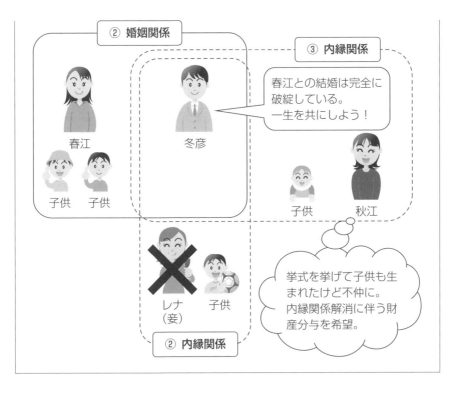

　上記のように、重婚的関係にある場合でも、法律婚が形だけのものになっており、冬彦と秋江の生活の方が実質的に夫婦としての共同生活を営んでいると言える状況にあるのであれば、重婚的な内縁関係であっても、財産分与について認めています。

<東京地裁昭和62年3月25日判決（判タ646号161頁）>
事例　冬彦は（妻春江と子がいたが）、昭和43年秋江と知り合い、その1年4か月ほど後には秋江が冬彦の姓を名乗ってアパートを借り、冬彦も月に何日か宿泊する生活を開始した。秋江は、妻とは離婚することになっているという冬彦の説明を信じていた。昭和54年、春江は冬彦と別

居し、郷里に帰った。

　間もなく秋江は、冬彦宅で同棲するようになり、昭和54年9月にかけて、3子が誕生し、冬彦は子らを認知した。昭和56年10月には建売住宅を購入したが、昭和57年ころ、冬彦は飲食店でレナと知り合い、性的関係を持ち、レナと同棲するに至ってしまった。秋江と冬彦の関係は破綻し、秋江が、冬彦及びレナに対して慰謝料を請求した事案。冬彦は、重婚的内縁関係であること等をもって、秋江は保護に値しない旨を主張した。

判旨　両名の内縁関係は、重婚的内縁関係であるものの、①冬彦が当初から秋江に対し、妻とは離婚することになっている旨説明し、秋江もそれを信じて関係を継続していたものであること、②その後も両者は、互いに冬彦と春江が離婚した場合のことを考えて行動していること、③冬

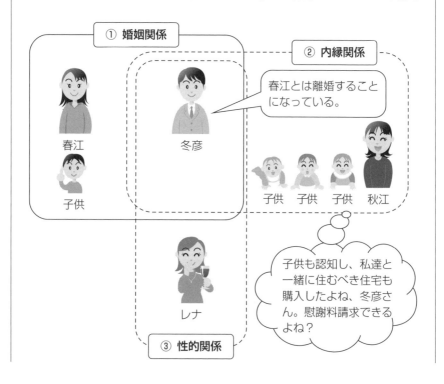

彦は、秋江らと一緒に住むべき住宅を探し、これを購入していること、④レナとの関係が判明するまで、冬彦秋江の関係は従前どおり営まれていたことなどの事情のある場合には、秋江と冬彦の内縁関係は、少なくとも秋江と冬彦との間、対第三者間においてはこれを法律上有効なものと認めるのが相当であり、右内縁関係に不当な干渉をした第三者も損害賠償の責任を負うとしてレナと冬彦に対して、慰謝料200万円の支払いを命じた。

　この裁判例では、冬彦と春江の生活が夫婦としての共同生活の実態があることに鑑みて、少なくとも秋江・冬彦の間及び内縁関係に不当に干渉した者との間では、重婚的内縁関係でも保護に値するものとして認めています。

②　その他、東京地裁平成3年7月18日判決（判時1414号81頁）も、内縁関係が20年余経過した時点で協議離婚届が提出されていること等に鑑み、法律婚の方が形骸化をしていたとして、慰謝料請求を認めています。

　また、「共同生活」の項目でご紹介した、福岡地裁昭和44年8月26日判決でも、重婚的内縁関係に保護を与え、秋江から冬彦に対する慰謝料請求を認めています（47ページをご覧ください）。

③　もっとも、一方で、冬彦が死亡した場合において、秋江が、本妻春江との間で、離婚時における財産分与のような形で自己にも実質的な相続をさせるように求めたという事例では、これは認められませんでした。（最高裁平成12年3月10日決定（民集54巻3号1040頁）、87ページに紹介していますので参照してください）。このような意味では、内縁関係としての保護にも一定の限界があります。

　その他社会保障との関係で重婚的内縁関係がどのように扱われるかはそれぞれの項目をご覧ください。

法律	【事実婚・内縁関係編】法律の知識⑦
	子供の誕生と認知

【理解しておきたいポイント】

1. 認知について ……………………………………………………… P.56
2. 認知をすることによる、子供のメリット ……………………… P.57
3. 認知の仕方 ………………………………………………………… P.58
4. 子の氏の扱い ……………………………………………………… P.61
5. 子の親権 …………………………………………………………… P.62
6. 親権者である母が死亡したら …………………………………… P.62
7. 養育費の諸問題 …………………………………………………… P.64

1. 認知について

① 　内縁関係、事実婚の状態にあるカップルに子供が生まれた場合、子供は、「非嫡出子」ということになります。「嫡出（ちゃくしゅつ）子」とは、法律上の婚姻関係にある男女の間に生まれた子を意味する言葉で、「非嫡出子」というのは、「嫡出ではない子」の意味です。内縁や事実婚の場合には、男女間に法律上の婚姻関係がないことから、画一的に、子はすべて「非嫡出子」として扱われます。

② 　非嫡出子は、母親とは通常出産によって親子関係を確認できますが、「父親が誰か」は外形的には分かりません。もっとも、法律上の夫婦の場合も父親が誰かは外形的には分からないのですが、民法772条1項の規定（「妻が婚姻中に懐胎した子は、夫の子と推定する」）によって夫が父親であると「推定」され、いわば自動的に法律的な父子関係が認められ

56　法律の知識

ます（もし夫以外の男性の子である場合には、嫡出否認といって、夫が
「この子は自分の子ではない」と主張しなければなりません）。内縁や事
実婚の場合にはこの規定が適用されないので、父親による「認知」が重
要になってきます。

③　「認知」とは「非嫡出子と親との間で法律上の親子関係を発生させるこ
と」を言います（民法779条）。最高裁昭和37年4月27日判決（民集16巻
7号1247頁）において、分娩の事実によって母子関係は確定し認知を必要
としない、としていますので、専ら、前述のように父親との関係で問題
となります。

2. 認知をすることによる、子供のメリット

⑴　戸籍の父の欄に父親の名前が載ること

　非嫡出子は、父親と法律的な親子関係が直ちに発生しないため、出生後
は母の戸籍に記載され、母の氏を称します。子の戸籍の「父」欄は空白に
なってしまいます。しかし、認知することにより父親の名前が戸籍に記載
されることになります。戸籍の記載は、その後の法的な手続のために重要
な役割を果たす基礎資料となりますので、このメリットは軽視できません。

⑵　養育費の請求が可能になること

　認知によって、法律上の親子関係が生じ、これに伴って扶養義務が発生
します。したがって、母親が父親に対して子供を養育していくために必要
な費用（生活費や教育費等）、つまり養育費を請求していくことが法律的に
もできるようになり、また認知の効力は、子の出産時に遡って生じるため、
過去に負担した養育費について、父親が負担すべき部分を請求することも
可能になります（ただし、過去分の養育費の請求等は一定の限界もあります）。

　また、扶養というのは、親子間相互の問題でもあります。つまり、たと
えば父親が年をとり病気になる等して、経済的にも困窮し、子からの援助を

受ける必要性がある場合においては、子に余力がある場合には、父親から扶養を求めることができる場合もある、ということになります。そうしたこともあり、子が成年に達している場合は、子の承諾がなければ認知をすることができません（民法782条）。

⑶ 相続権が発生すること

　父親が死亡した場合は、認知された子は、父親の法定相続人として、その財産を相続できる権利を有します（遺言等については、パートナーの死亡の項目を参照してください）。

3. 認知の仕方

①　認知の仕方は、大きく分けて、「任意認知」と「強制認知」があります。

　言葉どおり、「任意認知」は、子の父が自ら進んでする認知、を言います。これに対して、「強制認知」とは、父が認知に応じない場合に、子やその法定代理人（母等）からの請求により裁判によってなされる認知（民法787条）をいいます。（ただし、後述のように、いきなり訴えを提起するのではなく、その前に、家庭裁判所に「認知調停」を申し立てるのが原則になります。）

②　任意認知について、関連する条文をいくつか、先にご紹介しておきます。

> 民法781条　認知は、戸籍法の定めるところにより届け出ることによってする。
> 　2　認知は、遺言によっても、することができる。

> 民法783条　父は、胎内に在る子でも、認知することができる。この場合においては、母の承諾を得なければならない。

　任意認知は、父が、自分の子である旨を、子または父の本籍地または

58　法律の知識

父の所在地（ここに言う所在地は、住所地とイコールではなく今いる場所、つまり一時的な滞在地も含むと考えられています）のどちらからかに届け出ることで行うことができます（戸籍法60条等）。

また、子供が生まれる前、つまり「胎児」の段階でも、母の承諾があれば認知ができますが、この場合は母の本籍地の役場に届け出ます（戸籍法61条）。

なお、事実婚の場合には、早期の段階、つまり胎児の段階で、認知をしておく方が多いかもしれませんので、以下で、少し補足をしていきます。役所で届出をされるときの参考になさってください。

ⓐ　書　式

胎児認知も、出生後の認知も、認知届の書式は同一です。役所で、届出書の用紙をもらってください。なお、届出先は、母の本籍地の市区町村役場です。持参するものは事前に役所に確認してください。

ⓑ　記載について

胎児には、未だ公的な名前や住所がありません。ですので、氏名欄に「胎児」と書き、性別・生年月日・住所・本籍は空欄です。そして、「その他」の欄のところの「胎児を認知する」を選択します。

ⓒ　母親の承諾について

胎児の認知については母親の承諾が必要ですが、このことは届出の際に明らかにしておかなければなりません。その方法としては、母親に、別途「同意書」「承諾書」といった適宜の書類を作成してもらう方法もありますが、認知届の「その他」欄に「この認知届の届出を承諾します」と書いて署名・捺印するだけでもかまいません（戸籍法38条1項ただし書き）。

ⓓ　死産の場合

残念ながら死産であった場合について触れておきます。妊娠第12週以降で、胎児を死産した場合には、死産した日から7日以内（死産した日も含む）に、届出人（非嫡出子の場合は原則母ですが、胎児認知して

いれば父も可）の所在地、死産のあった場所のいずれかに、「死産届」を提出することが必要です（昭和21年厚生省令第42号（死産の届出に関する規程））。

なお、胎児認知がされている場合には、上記の他に、認知の届出先にも、14日以内に死産届を出す必要があります（戸籍法65条）。

③　任意の認知を父親がしない場合には、前述のとおり、強制認知という方法があります。

ただし、いきなり訴訟を提起するのではなく、「認知調停」といういわば「話合い」の手続きを申し立てるのが原則です。ちなみに「調停」というのは、裁判所を通じた、話し合いの場のようなもので、「調停委員」と呼ばれる第三者の仲立ちの下、双方の協議を進めていくことになります。

この調停において、当事者双方の間で、子がその男性の子であるという合意が成立した場合、裁判所が必要な事実調査を行いその合意が正当なものであると認めれば、子がその男性の子である旨の、「合意に相当する審判」がなされます（家事事件手続法277条（旧・家事審判法23条））。

一般的な家事審判とは、「裁判官が，当事者から提出された書類や家庭裁判所調査官が行った調査の結果等種々の資料に基づいて判断し決定」することです（裁判所ホームページ http://www.courts.go.jp/saiban/syurui_kazi/kazi_02/）が、「合意に相当する審判」は、当事者間の合意を前提とする調停と裁判所が必要な調査を行う審判の複合的なしくみといえます。

なお、認知を申し立てるための手続きや書式については詳細を割愛しますが、裁判所の下記URLに、書式等も含めて掲載されています。

http://www.courts.go.jp/saiban/syurui_kazi/kazi_07_18/index.html

合意が成立しなければ、認知訴訟を提起することになります。

4. 子の氏の扱い

① 非嫡出子については、出生届が出されると、母の戸籍に入り、母の氏を名乗ることになります。

> 民法790条の2　嫡出でない子は、母の氏を称する。

② もし、父親側の氏を名乗らせたいという場合には、前提として、前述の認知がなされていることが必要です。

　　ただし、認知は、パートナーである男性とお子様との間に法律上の親子関係を発生させるというものにすぎず、認知をしているからといって、当然に、子が父親の氏を称することができるというわけではありません。他にいくつかの手続きを踏む必要があります。

③ まず、認知に加えて、家庭裁判所に対し「子の氏の変更の許可申立」をし、父側の氏を称することについての許可を受ける必要があります。民法の規定をご参考までに記載します。

> 民法791条　子が父又は母と氏を異にする場合には、子は、家庭裁判所の許可を得て、戸籍法の定めるところにより届け出ることによって、その父又は母の氏を称することができる。
>
> 2　（略）
>
> 3　子が15歳未満であるときは、その法定代理人が、これに代わって、前二項の行為をすることができる。

　　上記にありますように、家庭裁判所の許可が必要であり、子が15歳以上ならば、自分で申し立てることが可能です。15歳未満であれば、法定代理人（母等）が、申立てをすることができます。

　　申立ての書式および手続きの詳細については割愛しますが、裁判所の下記のURLをご覧ください。

http://www.courts.go.jp/saiban/syurui_kazi/kazi_06_07/

5. 子の親権

① 非嫡出子は、認知されるまでは法律上「父」がいない状態なので、その親権は母が単独で行使することになります（母が未成年者である場合等を除く）。

② では、子の認知が行われると、法律上の夫婦のように、父母が共同で親権を行使する（民法818条3項）のかというとそうではありません。民法の規定では、このような場合、下記のように協議で親権者を父とすることを認めています。

> 民法819条の4　父が認知した子に対する親権は、父母の協議で父を親権者と定めたときに限り、父が行う。

　民法上、父母による親権の共同行使（いわゆる共同親権）は、法律上の婚姻関係があるときに限られています。したがって、法律上の婚姻関係がない場合はあくまで単独親権ということになります。協議により、父を親権者と定めた場合、「親権管理権届」を役所に提出します。

6. 親権者である母が死亡したら

① 仮に親権者が母であったとしましょう。その母が死亡した場合、未成年の子供の親権者は誰となるのでしょうか。

② この場合、母の死亡によって、直ちに、父が「親権者」となるわけではなく、親権者がいない状態となります。このような場合には、親権者変更の手続きによって父を親権者にするか、何らかの事情によってそれができないときは、父以外の人を未成年後見人に選任してその人を親権者とするかのいずれかとなります。

③ 父が親権者になるためには、父が家庭裁判所に親権者変更の申立てをする必要があります。家庭裁判所は、子の年齢や、就学状況、環境、親側

の経済力等の事情を考慮しながら、最終的には「審判」という手続きの中で、裁判所が父を親権者とするのが適切か否かを判断します（なお、親権者であった母がすでに死亡しており親権者が「いない」状態になっているのに、それを「変更」するというのは不思議に思われるかもしれません。実際、このようなケースで親権者変更はできず、次の未成年後見人の選任をすべきという見解もありましたが、現在の家庭裁判所や戸籍上の実務では親権者変更も当然に可能であるとされています）。

　具体的な申立ての方法までは本書では割愛しますが、裁判所のホームページには書式等も掲載されています。必要になられた時にはご覧いただければと存じます。

　http://www.courts.go.jp/saiban/syurui_kazi/kazi_07_10/

④　これに対し、誰か他の人が、子のために親代わりとなる必要がある場合もあります。このような場合に備えて、未成年後見人という制度が設けられています。

> 民法838条　後見は、次に掲げる場合に開始する。
> ①　未成年者に対して親権を行う者がないとき、又は親権を行う者が管理権を有しないとき。

　「未成年後見人」とは、裁判所によって、選任された、未成年者の法定代理人であり、未成年者の監護養育，財産管理，契約等の法律行為などを行っていく者です。分かりやすく言うと、親権者が死亡してしまう等した場合、申立に基づいて、その未成年者のため、家庭裁判所が、「未成年後見人」という人を選任し，この人が未成年者の財産を管理したり、養育したりして、その未成年者の保護を図っていこうとするものです。未成年後見人を選任するためには、裁判所に申立てをする必要があります。

　では、誰が未成年後見人になるのか、については、下記の条文が参考になります。

> **民法839条** 未成年者に対して最後に親権を行う者は、遺言で、未成年後
> 見人を指定することができる。ただし、管理権を有しない者は、この限
> りでない。

> **民法840条** 前条の規定により未成年後見人となるべき者がないときは、
> 家庭裁判所は、未成年被後見人又はその親族その他の利害関係人の請求
> によって、未成年後見人を選任する。

　このように、親権者であった母が遺言で未成年後見人を指定することも
できます。もし、父には関与させたくないといった場合には、誰か別の自
分の親族を指定しておくということも考えられるでしょう。

7. 養育費の諸問題

① 　子供を認知するか否かということに関わらず、養育費は子供のための
　お金ですから、その負担等についてパートナー間で話合いがなされるべ
　きです。しかし、法的には、認知がない限り法律上の親子関係が未だ存
　在しない扱いになりますので、父親に対し、子供を養育していくために
　必要な費用（生活費や教育費等）、つまり、養育費を請求していくために
　は認知をしてもらうことが必要になります。

② 　次に、養育費というのは、どのくらいもらえるものであるのか、を見
　ていきましょう。もちろん、話合いで決めることができれば一番ですが、
　話し合いといっても一定の基準がなければなかなか話がまとまらないと
　いうこともありますので参考にしていただければと思います。

③ 　2(2)でお話ししたように、養育費の支払いの根拠となるのは、「扶養義
　務」になります。ですので、まず、どのくらいの扶養をしなければならな
　いのか、という点を見る必要があります。

　　扶養義務にはいくつかの種類があるのですが、未成熟な子供に対する

扶養義務は、その子供が最低限の生活ができるようにする、という趣旨に留まりません。分かりやすく言うと、自分の生活と同じ程度の生活を、扶養を受ける者が送れるようにするという趣旨なのです（これを、「生活保持義務」と言います。同じレベルの生活を保持できるようにする義務ということです）。

　要するに、養育費はその親が暮らしている水準と同レベルの生活水準を保てるように支払っていくべきものということができるでしょう。

　なお、時々、例えば「父親の方がお金がない」と言って支払ってくれない、というご相談があります。しかしながら、養育費は、生活が苦しいからといって支払いを免れることができるものではありません。たとえば、（実際に支払われるかは別として、法的には、）父親が破産をしたとしても、金額が減少する事はあれど、養育費の支払いの義務自体は消えないのです。要するに、養育費というのは、「生活に余裕があれば支払えばよい、苦しければ一切払わなくてよいのだ」という性質のものではありません。

④　次に、養育費の具体的金額について見ていきましょう。

　先ほど申し上げたように、当事者同士の話し合いで決まればよいのですが、例えば、パートナーが支払ってくれないというような状態が生じた時には、やはり調停（養育費請求調停）で決めることになります。

　ただし、25ページで解説したように、「内縁関係」と認められれば、婚姻費用を請求することができる可能性があるので、養育費、というよりは、「婚姻費用」（例えば、内縁関係にある女性のパートナーが専業主婦の役割を果たし、男性パートナーが働いているという関係にある場合には、2人の間の子の生活費だけではなくて、女性パートナーの生活費をも含んだ費用）という形で請求することが考えられる場合もあります。

　もっとも、婚姻費用の請求は、常に成り立つわけではありません。たとえば、男性パートナーに、別居中ではあるが、法律上の婚姻関係にある女性、つまり「妻」がいる場合を考えてみましょう。2人の「妻」に対

する婚姻費用ということは法的には、想定することがなかなか難しいと言えます。

　ですので、この場合、例えば、男性と「妻」が長期に別居し、両者のやりとりがまったく途絶えているといったような、いわば、「実質的な離婚状態」にある状態ならば、パートナー女性からの婚姻費用の請求が成り立つことは可能ですが、未だそこまでに至っていない場合には、婚姻費用というよりは、子のための「養育費」を検討していくことになります。

　なお、養育費を算定するにあたっても、パートナーに「妻」やその妻との間の未成熟な「子」がいる場合には、パートナーはその子や妻の生活費の支払いの義務が想定されますから、上記事情は、養育費を減額する要素になります。

⑤　なお、話し合いで決まらなかった場合、認知の項目でお話をした通り、調停を利用したり、それでもまとまらないのであれば、審判が考えられます。

　そして、養育費の分担調停や審判の場合、金額については,「養育費算定表」という表を参考として用いて、金額を算出することが多いです。

　養育費の算定表につきましては、裁判所のホームページにも載っております。表の見方等も書いてありますので、そちらを参考にしてください。

　http://www.courts.go.jp/tokyo-f/saiban/tetuzuki/youikuhi_santei_hyou/

【事実婚・内縁関係編】法律の知識⑧

法律　内縁関係の終了

【理解しておきたいポイント】
1. 内縁関係が終了するとき ………………………………………… P.67
2. 慰謝料等の請求について ………………………………………… P.68
3. 財産分与について ………………………………………………… P.80
4. 生活費用の請求 …………………………………………………… P.83
5. 紛争解決の手段 …………………………………………………… P.84

事実婚・内縁関係編

同性婚編

困った時の相談先

索引

1. 内縁関係が終了するとき

　法律的な「内縁関係」として認められる場合がどのような場合であるかについては、21ページをご覧ください。こちらの項目では、内縁関係が終了する場合に伴って生じるであろう問題についてお話ししていきます。

⑴　パートナーの一方の死亡
　パートナーが死亡した場合については、86ページをご覧ください。

⑵　一方的な内縁関係の解消
　内縁関係が、双方の了解の下に解消されるのではなく、一方が解消を申し出てきた場合、解消された他方は、一方に対し、何か請求することができるでしょうか。
　たとえば、秋江さんと冬彦さんがちょっとした喧嘩をした後、突然、冬彦さんが、「もう別れる」と関係の解消を申し出てきた場合。あるいは、冬

67

彦さんが「レナちゃんと結婚するから、もう秋江とは別れたい」と関係の解消を申し出てきた場合。

　以下、①慰謝料請求ができるか、②財産を分けることを請求できるか、③生活費等の請求ができるか、の順に従ってみていきます。また、内縁関係の解消について紛争になった場合の紛争解決手段についてもみていきます。

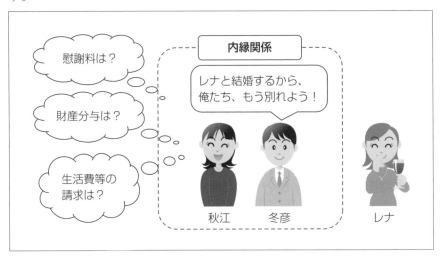

2．慰謝料等の請求について

(1)　内縁関係に伴う法的効果

　「内縁関係」にあると認められると、一定の効果が発生します(28ページ参照)。つまり、内縁関係にある者は、社会的には婚姻関係にある夫婦と実質的に同じように生活しているものであるため、少なくとも一定の範囲で、協力・扶助義務（夫婦はお互いに協力しあって夫婦生活を送らなければならない、夫婦の一方が助けを必要とする状態であれば他方が自分と同じレベルの生活をすることができるよう援助しなければならない義務）、貞操義務（夫婦が互いに性的純潔を保つ義務）等が認められると考えられ

ています。なお、同居義務については、29ページにあるように慎重に判断する必要があります。

(2) 内縁関係の消滅

　内縁関係が認められることには、上記のような法律的な効果が与えられるというメリットがあります。

　もっとも、内縁関係は、婚姻意思に基づいた共同生活（31ページ参照）があることが、条件として必要になってきます。ですので、パートナーの一方がこのような意思を失い、共同生活を止めてしまえば、条件が欠けることになり、内縁関係自体は終了せざるを得ません（法律上の夫婦の場合、強制力はないにせよ同居を求める請求を調停や審判で求めることも可能ですが、内縁関係の場合にはこのような請求自体ができないと考えられています（名古屋高裁昭和33年12月20日決定（家月11巻3号133頁））。

　つまり、内縁関係は、一方的に破棄することができるのです。これは婚姻しているカップルが、その一方のみの意思で共同生活を止めたからといって「離婚」にはならないこと、つまり「離婚」には、他方の同意が原則として必要となる、ということとは異なります。

　ただし、前記のように、内縁関係には、法律上の婚姻関係には及ばないものの、一定の法的な保護が認められています。ですので、内縁関係を、パートナーの他方の意思を無視して一方的に破棄すること、つまり一方的に関係を終わらせることは、他方のパートナーの権利を侵害するものとして、民法上の「不法行為」（民法709条）等となる可能性があります。72ページの、最高裁昭和33年4月11日判決をご覧ください。

　あるいは、結婚の約束等がある場合には、その約束を反故にしたという債務不履行責任等になる可能性もあります（ただし、婚約不履行等の問題については、本書では触れません）。

　つまり、端的に言えば、損害賠償として、金銭の問題を生じる可能性があります。

(3) 不法行為とは

「不法行為」という言葉は、後段でも出てきますので、簡単に、ここで見ておきましょう。条文は、民法709条になります。

> **民法709条** 故意又は過失によって他人の権利又は法律上保護される利益を侵害した者は、これによって生じた損害を賠償する責任を負う。

関連して、

> **民法710条** 他人の身体、自由若しくは名誉を侵害した場合又は他人の財産権を侵害した場合のいずれであるかを問わず、前条の規定により損害賠償の責任を負う者は、財産以外の損害に対しても、その賠償をしなければならない。

ごく単純化して言うと、「自分の行為が他人に損害を与えることを知っていながら、あえて」、あるいは、「法律上認められる注意義務を怠って」、他者の権利や、法律上保護されるべき利益を、違法に害したのであれば、その行為によって発生した損害を、賠償しなければならない、つまり金銭でもって支払わなければならないという趣旨です。そして710条は、損害が、財産以外の損害に対しても損害賠償請求ができること、つまり、「精神的な苦痛」、心の痛み、に伴う慰謝料請求ができることを規定しています。

(4) 内縁関係が一方的に破棄される場合と正当性

もっとも、内縁関係をパートナーの一方が破棄し、内縁関係を消滅させたからといって、すべての場合において、不法行為等が成立するわけではありません。関係を破棄する場合には、そこには、何らかの理由があることと思われます。

婚姻関係にある夫婦の場合、一方の同意がないのに離婚できるのは、「正当事由」がある場合に限られ、離婚できる理由が民法770条に規定されています。

70　法律の知識

そして、法律的に「内縁関係」と認められる場合には、社会的には婚姻関係にある夫婦と実質的に同じように生活していることが重視され、一定の法的な保護が与えられるわけですから、その解消にも、婚姻関係にある夫婦が離婚する場合に準じ、「正当事由」が必要と考えられます。

(5)　破棄の「正当事由」とは

　それでは、「正当な事由」とは、どのような理由がある場合でしょうか。民法770条に基づき、分かりやすく書くと、以下のような場合が想定されます。

①　内縁関係の夫（妻）が不貞行為をした（例えば冬彦さんが、レナちゃんと肉体関係を持ったことが発覚、これを理由に秋江さんが関係を解消する場合。）

　なお、「不貞行為」とは、法律的には、配偶者のある者が、その自由な意志に基づいて配偶者以外の者と性的関係を持つこと、を指します。単に他の女性と映画を見に行った、手をつないだ等というだけでは、不貞行為には該当しません。

②　内縁関係の夫（妻）からＤＶを受けた

③　内縁関係の夫（妻）の生死が３年以上明らかでない

④　内縁関係の夫（妻）が回復不能な精神病にかかってしまった

⑤　その他、内縁関係を継続し難い重大な事由がある場合

　上記のような場合には、正当な理由があると考えられます。

　⑤に関しては、婚姻関係にある夫婦間においても、裁判所は、個別の事情を総合的に判断して決定するものであり、一概に例を挙げることはできませんが、たとえば、パートナーの一方の浪費がひどかったり、あるいは、重大な侮辱行為が継続したりして、共同生活が回復不可能なほどに両者の関係が破綻してしまった場合等には⑤に該当する可能性があります。

　逆に、単に性格の不一致があるというだけでは、正当事由に該当するとは言い難いと言えるでしょう。

71

したがって、正当な理由がないのに、一方的に内縁関係を破棄した場合には、損害賠償の問題が生じることになります。ただし、裁判上認められる金額は、個々の状況（①生活を共同にした期間の長短や共同生活の濃度、②社会的にも夫婦としての公然たる関係であったのか、③両者経済的状況、④破棄に至った経緯や理由等）次第によって異なるものであり、定まった基準があるわけではありません。低額に留まることもあれば、後記の裁判例のように高額になることもないわけではありません。

　ただし、強いて金額の相場感を言うのであれば、訴訟の結果として認められるのは50万円から200万円程度まで（法律上の婚姻関係の場合よりも少額にとどまる場合も多い）、300万円以上となるとかなり珍しいケースになるでしょう。もっとも、訴訟に至る前の過程で、「裁判沙汰」そのものを嫌ったり、解決に時間がかかるのを避けるためにより高額の慰謝料を支払うということもままありますが、こればかりはケースバイケースです。

⑹　**裁判例**

　上記に関連する裁判例を挙げておきます。

＜最高裁第二小法廷昭和33年4月11日判決（民集12巻5号789頁、家月10巻4号21頁）＞

事案　冬彦と秋江は結婚式を挙げ、事実上の夫婦として共同生活を営んでいた。秋江は、家業を手伝い、主婦として朝は午前5時半ごろに起床し、夜は午前零時すぎに漸く就寝、家業と家事雑務に追われ疲れ果て、睡眠不足の日々だった。この疲れが原因で、結婚式から約6か月後、秋江は発病、入院するに至ったが、結局結婚式から約1年3か月後、冬彦は内縁関係を一方的に破棄した。なお、治療代についても、秋江自身が全額を支払った。そこで、秋江は冬彦に慰謝料や医療費の支払いを求めた。

判旨　「いわゆる内縁は、婚姻の届出を欠くがゆえに、法律上の婚姻ということはできないが、男女が相協力して夫婦としての生活を営む結合であるという点においては、婚姻関係と異るものではなく、これを婚姻に準

72　法律の知識

内縁関係
① 2人は結婚式を挙げて結婚
② 主婦として、また家業も頑張る！
③ 発病、入院へ
④ 別れよう！（一方的に破棄）
⑤ 秋江の医療費全額を秋江が負担

秋江　冬彦

ずる関係というを妨げない。そして民法709条にいう『権利』は、厳密な意味で権利と云えなくても、法律上保護せらるべき利益があれば足りるとされる」、「内縁も保護せられるべき生活関係に外ならないのであるから、内縁が正当の理由なく破棄された場合には、故意又は過失により権利が侵害されたものとして、不法行為の責任を肯定することができるのである」

「内縁が法律上の婚姻に準ずる関係と認むべきであること前記説明の如くである以上、民法760条の規定は、内縁に準用されるものと解すべきであり、従つて、前記被上告人（秋江）の支出した医療費は、別居中に生じたものであるけれども、なお、婚姻から生ずる費用に準じ、同条の趣旨に従い、上告人（冬彦）においてこれを分担すべきものといわなければならない。」

※内縁関係に一方的な破棄について、709条（不法行為）の責任を認めた裁判例です。
※ちなみに、第一審において、慰謝料としては当時の金員で、金10万円を認定。また、婚姻費用の分担として、医療費について冬彦も分担すべきとしています。
（婚姻費用の分担については、83ページで解説しています。）

＜東京地裁平成3年7月18日判決（判時1414号81頁）＞

事案　冬彦は、春江という妻や子がありながら、「妻とは別れる」と秋江と交際を開始。秋江は自己の土地建物を処分し、冬彦との共同生活のために土地を求め、冬彦の負担で家を建て、秋江と冬彦は30年にわたり当該建物にて、同居した。なお、冬彦は、秋江との間に子もおり、秋江の妊娠後、写真館において秋江と共に婚礼衣装を着けた写真を撮影する等もし、子を伴っての旅行や親族の結婚式にも秋江とともに出席する等していた。

　ところが、冬彦には、秋江と同時期に交際しはじめたレナがおり、実はレナとの間にも子が出生していた。30年後、秋江には何ら落ち度がないにもかかわらず、冬彦は、毎回30万円程度渡していた生活費も渡さなくなり、内縁関係を一方的に終了させた。そこで秋江は冬彦に対し慰謝料を請求した。

判旨　「重婚的内縁関係であっても、妻との婚姻が形骸化している場合には、内縁関係に相応の法的保護が与えられるべきであり、これを理由なく破棄することは、不法行為を構成する。」（重婚的内縁関係については「**法律の知識⑥**」（50ページ）を参照してください。）

　「原告と被告が共に生活した期間が30年にも及ぶこと、内縁関係の破棄が専ら被告の意向でされ、原告に責められるべき事情があるとはうかがえないことなど諸般の事情を考慮し、慰謝料額は、1,000万円をもって相当とする」

※不法行為に基づいて、極めて高額な慰謝料が認められた裁判例です。

　（ここまで高額な慰謝料が認められることは例外的なものです。）

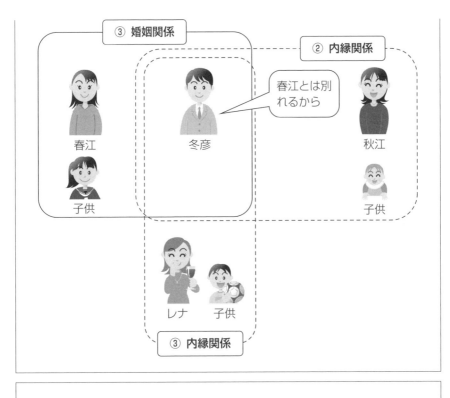

<最高裁第一小法廷平成16年11月18日判決（判時1881号83頁、判タ1169号144頁）>

事案　冬彦と秋江は、いったん婚約をしたがその後解消に至った。もっとも、2人の関係は、婚約解消後も続き、約16年間に及んだ。2人の間には、子供（2人）も生まれ、仕事の面で相互に協力をしあうこともあったし、一緒に旅行をすることもあった。また、子が不利益を受けないようにとの配慮で、子の出産時には婚姻の届出をした（ただし、その後協議離婚の届出を出している）。しかし、2人は、その住居を異にしており、共同生活をしたことはまったくなく、それぞれが自己の生計を維持管理していた。また、子の1人は冬彦の母が養育しもう1人は施設に預けられ、秋江は2人の子供の養育には一切関わりを持っていない。

その後、冬彦は、他の女性と婚姻するとして、一方的に関係の解消を

申し出た。

判旨　「上告人（秋江）と被上告人（冬彦）との間の関係については、婚姻及びこれに準ずるものと同様の存続の保障を認める余地がないことはもとより、上記関係の存続に関し、上告人が被上告人に対して何らかの法的な義務を負うものと解することはできず、被上告人が上記関係の存続に関する法的な権利ないし利益を有するものとはいえない。

　そうすると、上告人が長年続いた被上告人との上記関係を前記のような方法で突然かつ一方的に解消し、他の女性と婚姻するに至ったことについて被上告人が不満を抱くことは理解し得ないではないが、上告人の上記行為をもって、慰謝料請求権の発生を肯認し得る不法行為と評価することはできないものというべき」として慰謝料請求を認めなかった。

※本件の場合、秋江さんと冬彦さんは、内縁関係の実質を欠く関係にあったと捉え、損害賠償請求を認めなかったものと考えられます。

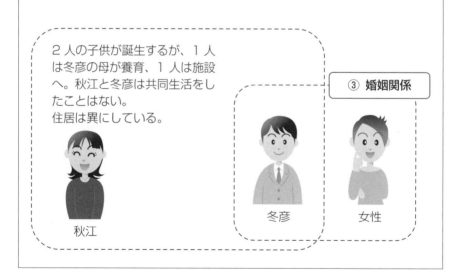

(7)　不貞行為により内縁関係が終了する場合

　たとえば、冬彦さんがレナと肉体関係に及び、秋江さんに「レナと結婚

するからもう関係を終わりにしたい」等と言ってきたとします。この場合は、⑷でお話ししたように、冬彦さんには、内縁関係を終了させる正当な理由がありません。そればかりか、冬彦さんは、「貞操義務」にも違反していることになります。しかし、内縁関係については、正当な理由がないからといっても、婚姻と異なり、継続させることはできません。

ですので、損害賠償の問題になります。では、秋江さんは冬彦さんに対し損害賠償を請求することができるとして、レナに対しては、請求することはできないのでしょうか。

⑻ 不貞行為の相手方に対する損害賠償

まず、婚姻関係にある場合の、不貞行為の相手方に対する損害賠償を見てみます。

たとえば、不貞行為の相手方が、妻がいることを知りながら、夫と不貞行為に及び、これにより夫婦関係が悪化した場合、不貞行為の相手である女性は、夫と共に、妻に対し、不法行為である不貞行為を行ったことになります（共同不法行為）。

この場合、不貞は、女性と夫が共同して行ったわけですから、妻は、慰謝料を、夫と女性の２人に請求することも可能ですし、夫にだけ、あるいは女性にだけ請求するということも可能です（離婚しないのであれば、夫にだけ請求することは考えにくいでしょうが）。ただし、妻の精神的な苦痛に相応する金額が、たとえば100万円であるとすると、いわば「枠」が100万円ですので、夫と女性の双方から100万円ずつ取れるというわけではありません。夫が100万円を支払えば、100万円の「枠」、つまり痛みで空いた心の「穴」は満たされたことになり、相手の女性からは取ることができなくなります（法律的には、不真正連帯債務、という言葉で表現されます）。

　そして、内縁関係にある場合も同様です。先の例でいえば、レナが、秋江さんの存在を知っているのにも関わらず冬彦さんと不貞に及び、それで内縁関係が終了したのであれば、レナは冬彦さんと共同して、内縁を不当に侵害したことになります。ですので、秋江さんはレナに対して損害賠償をすることができます。ただし、冬彦さんが秋江さんに慰謝料を支払った場合には、レナからは取れなくなる可能性があります。

　なお、秋江さんは、内縁関係の解消に至らない場合でも、冬彦さんとの関係が悪化する等の損害が生じたのであれば、慰謝料を請求することは可能です。

　慰謝料を請求する場合の金額は、やはり個々の事由によって異なります。それは⑷で述べた事情に加えて、不貞行為の期間や回数、不貞を先導したのがレナであったのか冬彦であったのか、といった事情も加味して判断されることになります。

⑼　内縁関係への不当な干渉

　レナと冬彦のように、不貞行為によって内縁関係が終了したという場合のみならず、たとえば、冬彦の母や父の干渉によって、内縁関係が破たんしてしまうというケースもあるでしょう。干渉が行き過ぎており不当である場合には、関係を終了させた本人のみならず、干渉をした者にも、不法行為に基づく責任（慰謝料の支払い等）が認められる場合があります。

＜最高裁第二小法廷昭和38年2月1日判決（民集17巻1号160頁）＞

事案 冬彦と秋江は挙式をし、同居を開始した。挙式から5か月ほどして秋江は妊娠をしたが、つわりがひどく、仕事もできない状態になった。すると、冬彦およびその父は、秋江がいるから家の中が暗くなる、嫁らしくしていない、横着者等と暴言を浴びせた。傷ついた秋江は実家に戻った。健康状態が回復した後、秋江は、戻りたい旨を申し入れたが、冬彦の父が「恥をかかせた」等としてこれを拒んだ。冬彦の方は秋江と別れる気はなく、秋江を訪ねたりもしていたが、父が秋江と別れることを強く求めたため、結局、内縁関係を解消してしまった。そのような中で、秋江は、女の子を出産した。秋江は、冬彦とその父に対して慰謝料等を請求したという事案。原審が慰謝料の請求を認めたため、冬彦と父が上告した。

判旨 「<u>内縁の当事者でない者であっても、内縁関係に不当な干渉をしてこれを破綻させたものが、不法行為者として損害賠償の責任を負うべきことは当然</u>であつて、原審の確定するところによれば、本件内縁の解

```
┌─ 内縁関係 ─┐
│①2人は挙式をし、同居開始 │
│②秋江のつわりがひどく、仕事もできない状態に│
│④秋江は実家に帰って養生│
│⑤秋江は体調が回復したので「戻りたい」と申し入れた│
│⑦秋江は女の子を出産│
│⑧秋江が慰謝料を請求│
```

③横着者！（など暴言）

秋江　冬彦　　冬彦の父

⑥恥をかかせた！戻ってくるな！冬彦、さっさと別れろ！

消は、生理的現象である被上告人のつわりによる精神的肉体的変化を理
解することなく、懶惰であるとか、家風に合わぬなど事を構えて婚家に
居づらくし、里方に帰つた被上告人に対しては恥をかかせたと称して婚
家に入るを許さなかつた上告人らの言動に原因し、しかも上告人Ａ（冬
彦の父）は右被上告人（秋江）の追出にあたり主動的役割を演じたという
のであるから、原審が右上告人Ａの言動を目して社会観念上許容さるべ
き限度をこえた内縁関係に対する不当な干渉と認め、これに不法行為責
任ありとしたのは相当である。」

　このように、上記の裁判例は、つわりに無理解で、秋江に対して暴言を
浴びせ、内縁関係の終了に主導的役割を果たした父にも、慰謝料の支払い
を命じています。

3. 財産分与について

⑴　財産分与についての基礎的なこと

　法的な婚姻関係にある夫婦が離婚をする場合、慰謝料のほか、「財産分
与」も問題になります。この「財産分与」というのは、婚姻生活中に夫婦で
互いに協力して築き上げてきた財産（共有財産）を、離婚の際に各々の貢献
度に応じて分配すること、を指します。民法768条にも定められています。

> 民法768条　協議上の離婚をした者の一方は、相手方に対して財産の分与
> を請求することができる。
> 2　前項の規定による財産の分与について、当事者間に協議が調わないと
> 　き、又は協議をすることができないときは、当事者は、家庭裁判所に対
> 　して協議に代わる処分を請求することができる。ただし、離婚の時から
> 　2年を経過したときは、この限りでない。

(2) 内縁関係の場合の財産分与は可能か

　内縁関係を解消する場合、2人に共有財産がある場合には、当該財産について、婚姻関係にある場合に準じて、「財産分与」の規定（民法768条）に沿った扱いがなされます（類推適用）。つまり、内縁関係の両者の協力により築いた財産があれば、それが一方の名義になっていたとしても、2人で分ける必要があるのです。

　なお、内縁解消時の財産分与について、当事者で話がつかない場合には、家事調停を利用することも考えられます。この点については、後述します。

　以下に、関連する裁判例を事例とともに挙げていますので、参照してください。

(3) 裁判例

<東京家裁昭和31年7月25日審判（家月9巻10号38頁）>

事案　冬彦と秋江とは昭和29年に見合い結婚し、それ以来冬彦宅にて事実上の夫婦として同棲していたが、冬彦の母と秋江との折り合いが悪く、冬彦およびその家族にも秋江への協力の姿勢がみられないため、もはや夫婦離別の状態に至っている。秋江は財産分与を求めた。

判旨　「申立人は相手方が結婚生活を拒否するのであれば離別に伴う適当額の慰藉料及び財産分与の支払を求めるというのであるが、慰藉料請求については訴訟手続によらなければならぬところ、訴訟の提起は事実上不能であるから慰藉料債権は財産分与の裁定について斟酌せられたいというのであつて、以上の事実は当事者関係人の審問の結果その他調停の経緯によつて認められる。而して内縁離婚に財産分与の規定は適用せられるべきか否かについて反対的な見解があるがこれを消極に解する理由はないと解する。

　蓋し婚姻と内縁の形式的な相違は前者は届出という外部に対する法定の公示手続がなされているのに対して、後者はこれを欠くだけであり従

事実婚・内縁関係編

同性婚編

困った時の相談先

索引

```
┌─ 内縁関係 ─────────────────┐
│ ①2人はお見合い結婚し、冬彦宅にて事実上の    │        ②気に入ら
│   夫婦として同棲                          │          ない！
│                                          │
│ ③冬彦の母と折り合いが悪く、                 │
│   冬彦にもその家族にも協力得                │
│   られず                                  │
└──────┬──────────────────┘        秋江  冬彦      冬彦の母
       │
 ④夫婦離別の状態に
```

つてその実質的の相違はこの対外的関係においてのみ存するにすぎないのであつて、夫婦間の対内的法律関係においては婚姻と内縁とに差別を設けるべき理由はないからである。」

　このようにして、内縁における財産分与について、積極的に解しています。

<広島高裁昭和38年6月19日決定（判時340号38頁）>

事案　冬彦と秋江とは、慣行上の結婚式を挙げ、その後約2年半にわたり内縁の夫婦として事実上の共同生活関係を結んでいたが、内縁関係の解消にあたって原審判が財産分与を認めたことに対し、抗告人（冬彦）がその取消しを求めた。

判旨　「財産分与の本質は第一義的には離婚の際における夫婦共同生活中の財産関係の清算であり、第二義的には離婚後の扶養及び有責配偶者から無責配偶者に対する離婚に伴う損害の賠償であると解されるが、そうだとすれば、財産分与は、婚姻の解消を契機としてなされるものでは

あつても、現に存した夫婦共同生活関係を最終的に規整するものともい
うべく、かつこれによって直接第三者の権利に影響を及ぼすものではな
いから、内縁についても、これを認めるのが相当である」として抗告を
棄却した。

※やはり、先ほどの判例と同様に、財産分与について積極的に解してい
ます。

なお、財産分与は、離婚の時から、2年以内に家庭裁判所に調停または
審判を求める必要があります（民法768条）。そして、内縁の場合も同じよ
うに、解消から2年以内に調停を申し立てる必要があるとされています（東
京高裁昭和54年4月24日決定（家月32巻2号81頁）等参照）。

4. 生活費用の請求

⑴　パートナーが突然生活費をくれなくなった場合、生活費を請求できる
か

　法律的な夫婦の関係になると認められる義務の中に、「協力義務」、「扶助
義務」というものがあります（24ページ参照）。

　法律的に「内縁関係」にあると言える場合には、社会的には、婚姻関係に
ある夫婦と実質的に同じように生活しているわけですから、協力義務、扶
助義務が認められ、生活費（婚姻費用）について、互いに分担する義務が生
じます。

　ですので、たとえば一方が外で仕事をし、他方が家事を行っていた場合
に、突然一方が生活費を渡さなくなったとしたら、他方は、生活費を請求
することができます。

　上記を巡って紛争になった場合には、婚姻関係にある男女と同様に、「婚
姻費用の分担調停」という調停を利用することが考えられます（婚姻関係

事実婚・内縁関係編

同性婚編

困った時の相談先

索引

83

にはありませんが、調停の形式としては、上記を用いることになります）。

　婚姻費用の分担調停の申立書については、裁判所のホームページ（http://www.courts.go.jp/saiban/syurui_kazi/kazi_07_03/）からダウンロードできます（裁判所のトップページから、裁判手続の案内に入り、家事事件、婚姻費用の分担調停の項目に入ります）。また、各裁判所においても書式が備え付けられています。なお、婚姻関係にある男女の場合、申立の資料として、夫婦の戸籍謄本（全部事項証明書）が必要ですが、内縁関係の場合には、これは不要です。

　婚姻費用の分担は、双方の収入や、資産、子の年齢等を考慮して決定していきます。一般的には、裁判所においてあらかじめ標準的な生活状況を想定して夫婦の収入に応じた分担額を定めた「婚姻費用分担表」という表があり、その表を参考にして、分担が決められていきます。

(2)　内縁関係の終了を伴う場合

　法律的な婚姻関係にある場合、たとえ別居していても、法的には夫婦であるので、パートナーの一方に対して、生活費の請求、つまり婚姻費用の分担請求を行うことができます。しかし、内縁の場合、別居状態になってしまった場合には、内縁関係が終了した、とみなされる場合が多いため、婚姻費用の請求は認められにくくなります。

　なお、内縁関係が終了する以前に生じていた婚姻費用で未払いの分については、財産分与や慰謝料の問題と同時に、終了時に清算をする方法が考えられます。

5．紛争解決の手段

(1)　内縁関係調整調停について

　パートナーとの内縁関係を解消するにあたっては様々な問題が考えられます。そもそも関係を解消するのかどうか、解消するに伴っての財産分与

や慰謝料についてどのようにするのか、といった問題です。当事者同士で話し合いをしてもなかなかまとまらない場合には、「**法律の知識⑧**（69ページ）」のところでお話をした、家庭裁判所の調停の手続きを利用することが考えられます。

　上記のように内縁関係に関する問題を調整するために、「内縁関係調整調停」という調停があります。内縁関係調整調停については、裁判所のホームページ（http://www.courts.go.jp/saiban/syurui_kazi/kazi_07_19/）をご覧ください（裁判所のＨＰのトップページから、「裁判手続きの案内」、「家事事件」と進み、「２．夫婦関係や男女関係に関する調停」に進んでください）。書式等がこちらからダウンロードできるようになっています（もしくは、最寄の裁判所に行って、書式を受け取ることもできます。ただし、裁判所によって、必ずしもすべての書式を備え付けているとは限らないので、事前にお電話することをお勧めします）。

⑵　**調停で話がつかなかった場合**

　調停において話がつかなかった場合、特に慰謝料等について話がつかないことは十分考えられるところです。

　調停で解決できなかった場合には、パートナーの一方に対して裁判を考えることになります。なお、離婚における慰謝料請求や財産分与は、離婚（夫婦関係調整）の家事調停事件として家庭裁判所で扱い、調停で話し合いがつかないときには離婚を求める人事訴訟事件として同じく家庭裁判所で審理・判決をすることが原則です。これに対し、内縁関係は、家庭裁判所で一般調停事件としての調停は可能ですが、人事訴訟にはならないため、慰謝料請求については通常の民事訴訟として地方裁判所ないし簡易裁判所（請求金額が140万円以下の場合）で取り扱うことになります（なお、財産分与については、家庭裁判所での審判が可能とされています）。

法律　【事実婚・内縁関係編】法律の知識⑨

パートナーの死亡と相続等

【理解しておきたいポイント】

1. 相続時の法律上の取扱い ………………………………………… P.86
2. 内縁相手と相続の関係 …………………………………………… P.87
3. 子は相続できるか ………………………………………………… P.95
4. 事前の対策はどうしたらよいか（遺言書の作成）…………… P.97
5. お墓はどうするか ………………………………………………… P.99
6. 死後認知 …………………………………………………………… P.102
7. パートナーが交通事故等で死亡した場合 …………………… P.105

1．相続時の法律上の取扱い

　パートナーが死亡した場合、法律上の婚姻関係がない者には、相続権は認められません。

　一方、子については、56ページでお話をした、認知をしているのであれば、相続権は認められます。（死後認知については102ページをご覧ください）。

　事前の対策として遺言書を用意することをおすすめしますが（97ページ）、まず遺言書がない場合について記載します。

86　法律の知識

2．内縁相手と相続の関係

(1) 実質的な共有

① 上記のように、内縁関係として法律上の婚姻関係にないパートナーには、一方のパートナーが亡くなったとしても、法的な相続権は認められていません。

　80ページで解説したように、内縁関係が解消された場合には離婚時のように財産分与が認められることがあります。そこで、死亡により内縁関係が消滅した場合にも、離婚時における財産分与と同様の関係を認めることはできないものでしょうか。一時、財産分与の規定を類推適用するという構成でこれを認めた裁判例も見られましたが、最高裁は次の通りこれを否定しました。

＜最高裁第一小法廷平成12年3月10日決定（民集54巻3号1040頁、家月52巻10号81頁）、財産分与審判に対する抗告棄却決定に対する許可抗告事件＞

　事案　冬彦は、昭和22年に春江（昭和62年死亡）と婚姻し2名の子をもうけた一方、昭和46年から秋江と親密な関係となって秋江のアパートに出入りするようになり、秋江は冬彦から毎月一定額の生活費の援助を受けたほか、現金で300万円の贈与を受けていた。また、昭和60年12月ごろから平成9年1月に冬彦が死亡するまでの間、冬彦は入退院を繰り返したが、入院時には秋江は冬彦の入院先に通って身の回りの世話をした。冬彦の死亡後、秋江が、冬彦の相続人に対して財産分与を求めたところ、一審（高松家裁）は離婚時の財産分与の規定を準用ないし類推適用して財産分与を命じたが、控訴審（高松高裁）は当該規定の準用ないし類推適用はできないとして一審を取り消した。

　判旨　「内縁の夫婦の一方の死亡により内縁関係が解消した場合に、法律上の夫婦の離婚に伴う財産分与に関する民法768条の規定を類推適用

することはできないと解するのが相当である。民法は、法律上の夫婦の婚姻解消時における財産関係の清算及び婚姻解消後の扶養については、離婚による解消と当事者の一方の死亡による解消とを区別し、前者の場合には財産分与の方法を用意し、後者の場合には相続により財産を承継させることでこれを処理するものとしている。このことにかんがみると、内縁の夫婦について、離別による内縁解消の場合に民法の財産分与の規定を類推適用することは、準婚的法律関係の保護に適するものとしてその合理性を承認し得るとしても、<u>死亡による内縁解消のときに、相続の開始した遺産につき財産分与の法理による遺産清算の道を開くことは</u>、相続による財産承継の構造の中に異質の契機を持ち込むもので、<u>法の予定しないところである</u>。また、死亡した内縁配偶者の扶養義務が遺産の負担となってその相続人に承継されると解する余地もない。したがって、生存内縁配偶者が死亡内縁配偶者の相続人に対して清算的要素及び扶養的要素を含む財産分与請求権を有するものと解することはできないといわざるを得ない。」

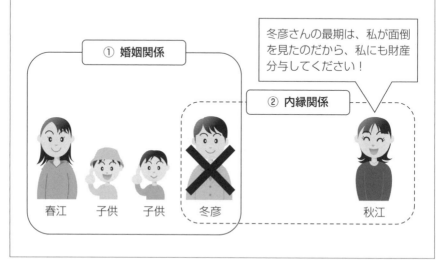

② 以上のように、法律上の婚姻関係がないパートナーには相続権がない
以上、死亡したパートナーの相続財産については、すべて他の法定相続
人が相続することになります。

　しかし、たとえば、パートナーが一緒に協力して事業を営み、財産を
増やしてきた状態で、一方が死亡したとします。その場合にも、他方の
パートナーは一切の金銭的取得が認められないのでしょうか。

　夫婦が、共同して事業を営み、その収益から、内縁関係にある夫婦の
財産が形成されていった場合には（相続権はないとしても）、上記財産
を、2人の「実質的共有財産」として、上記財産に対する、一方のパート
ナーの持分が、認められる可能性はあります。

＜大阪高裁昭和57年11月30日判決（判タ489号65頁）＞

事案　内縁関係にある夫婦が、共同で呉服商を営んでいた。秋江は経営
のかなりの部分を分担しており、単なる手伝いという程度を超えて、共
同経営と言えるものであった。その収益で購入した不動産があり、登記
名義は、内縁の夫冬彦となっている。冬彦には、別の女性、レナとの間に
生まれた子マナがいた。秋江は、冬彦の死後、マナに対して、不動産の、
共有持分権を確認する訴訟を提起した。

マナさん。
冬彦さん名義の不
動産は、私と冬彦
さんで築いたもの
だから、全部があ
なたのものになる
わけじゃないのよ。

② 肉体関係

① 内縁関係

秋江　　冬彦　　レナ　　子供
　　　　　　　　　　　　（マナ）

判旨 「正式の婚姻関係であると、内縁関係であるとを問わず、妻が家業に専従しその労働をもつて夫婦の共同生活に寄与している場合とは異なり、夫婦が共同して家業を経営し、その収益から夫婦の共同生活の経済的基礎を構成する財産として不動産を購入した場合には、右購入した不動産は、たとえその登記簿上の所有名義を夫にしていたとしても、夫婦間においてこれを夫の特有財産とする旨の特段の合意がない以上、夫婦の共有財産として同人らに帰属する」。

＜名古屋高裁昭和58年6月15日判決 (判タ508号112頁) ＞

事案 内縁関係にある夫婦において、双方の収入を生活費に充てて生活し、冬彦が病床にあるときには、秋江が身の回りの世話をしながら、余裕のあるときは、冬彦名義で預金していた。冬彦の死亡後、秋江は、冬彦と別の女性との間の子薫に対して預金債権確認請求訴訟を、薫は秋江に対し、預金は自己が相続したと主張して、預金債権反訴請求訴訟を提起した事案。

判例要旨 「両者は2人の収入を合算しこれらを生活の資とし余剰の分を、冬彦の名義の本件預金としていたものと認めるのが相当であり、本件預金中には冬彦固有の収入分と被控訴人 (秋江) 分が混在しており、しかもその額または割合は明らかにすることができないというべき (中略) すると本件預金債権は冬彦と被控訴人 (秋江) 両名の<u>準共有にかかる</u>ものというべく、そして<u>準共有者の持分は相等しきものと推定される</u>」。

　このように、ほかに法定相続人がいる場合であっても、一定の場合に法律上の婚姻関係にないパートナーにも金銭的請求が可能になることもあります。

(2) 特別縁故者

① もし、死亡したパートナーに法定相続人が誰もいない場合には、他方パートナーが、「特別縁故者」として、財産を取得できる場合もあります。

　ⓐ 「特別縁故者」とは何でしょうか。これは、民法の958条の3に規定される、相続人ではないけれど、死亡者と、特別、密接な関係性を有する者を言います。

> 民法958条の3　前条の場合において、相当と認めるときは、家庭裁判所は、①被相続人と生計を同じくしていた者、②被相続人の療養看護に努めた者③その他被相続人と特別の縁故があった者の請求によって、これらの者に、清算後残存すべき相続財産の全部又は一部を与えることができる（①ないし③の番号は著者の挿入）。
>
> 2　前項の請求は、第958条の期間の満了後三箇月以内にしなければならない（後述の②ⓕに関連する規定です）。

　ⓑ 内縁関係にある夫婦は、共同生活を営んでいるわけですから、上記の①ないし③の類型に当たるものとして、特別縁故者として、財産の一部ないし全部を裁判所より付与される可能性があります。

② もっとも、特別縁故者として認めてもらい、財産を取得するためには、家庭裁判所に対して一定の手続きが必要になります。

　ⓐ パートナーが死亡した場合、いきなり、特別縁故者の申立てをすることはできません。前提として、他に相続人がいないことを、きちんと確定する必要もあるためです。

　　多くの場合、他方のパートナーが、相続財産の管理人の選任申立をすることになると思われますので、その前提で、以下を説明します。

　ⓑ 相続財産の管理人を裁判所に選任してもらうための申立てを行います。相続財産の管理人とは、家庭裁判所から選任される、相続人のあることが明らかでない相続財産の管理を行う者をいいます。通常、弁護士が選任されます。相続人がいないので、パートナーの財産を管理

してもらうことになるのです。

ⓒ　相続財産の管理人が選任された旨が、官報に公告されます。官報とは、「政府から一般に周知させる事項を編纂して、財務省印刷局から刊行する国の機関紙」(広辞苑) のことです。

ⓓ　ⓒの公告があった後2か月以内に相続人が現れない場合、相続財産管理人は、その責任において、債権者や受遺者 (被相続人から遺言に基づいて遺贈を受けて遺産をもらえることになっている者) がいないかどうか、該当する者に名乗り出るよう官報に公告します (民法957条1項)。申出の期間は2か月以上です。

ⓔ　上記の期間満了後、相続財産管理人または検察官が家庭裁判所に請求し、相続人がいたら名乗り出るように、官報に公告 (最低6か月間) します (民法958条)。

ⓕ　相続人として名乗り出る者が上記の期間内におらず、相続人が発見されなかった場合には、「特別縁故者の財産分与の申立」をすることができ、裁判所の判断を待つことになります。

　なお、特別縁故者の財産分与申立ができるのはⓔの公告期間満了以降で、かつその期間が満了してから3か月以内でなければなりません。

③　書式、記載例等

　相続財産管理人の選任申立書の書式、記載例、手続きの概要について、裁判所のホームページに記載されています。

http://www.courts.go.jp/saiban/syurui_kazi/kazi_06_15/

特別縁故者に対する相続財産分与の申立書の書式等も同様です。

http://www.courts.go.jp/saiban/syosiki_kazisinpan/syosiki_01_16/index.html

(3)　賃貸アパートの居住権

　一方のパートナーの名前で、アパートを借りて共同生活をしていた場合、そのパートナーが死亡したとします。法律上の夫婦であれば、死亡配

92　法律の知識

偶者が有していた賃借権を相続することができますが、法律上の婚姻関係がない場合には前述のとおり相続権はありません。そうすると、他方のパートナーはアパートを退去しなければならないのでしょうか。

この場合、一方のパートナーに相続人がいるかいないかで、理論構成が変わってきます。

① 他に相続人がいない場合

住居というのは、人にとって生活の根拠となる、とても大切なものであることに鑑み、借地借家法に、直接的な保護規定が置かれています。

> **借地借家法36条** 居住の用に供する建物の賃借人が相続人なしに死亡した場合において、その当時婚姻又は縁組の届出をしていないが、建物の賃借人と事実上夫婦又は養親子と同様の関係にあった同居者があるときは、その同居者は、建物の賃借人の権利義務を承継する。ただし、相続人なしに死亡したことを知った後1月以内に建物の賃貸人に反対の意思を表示したときは、この限りでない。

このように、借家の賃借権を「承継」することができますので、居住し続けることができるのです。

② 他に、相続人がいる場合

ⓐ 他に相続人がいた場合、たとえば、パートナーが従前、別の女性と婚姻関係にあり、その女性との間の子がいた場合、その子が、借家の賃借権を相続することになります。内縁の妻には、先ほどお話ししたように、相続権がありませんし、借地借家法36条1項は、他に相続人がいない場合の規定です。

ⓑ このように、内縁の妻は、賃借権を承継していませんが、退去をしなければならないのでしょうか。

この場合、妻は、相続人の承継した賃借権を主張（正確には、援用、といいます。一定の事実状態等を提示、主張することです。）して、居住を継続することができます。根拠となる判例を以下に挙げておきます。

> **＜最高裁第三小法廷昭和42年2月21日判決（民集21巻1号155頁）＞**
>
> 判旨　家屋賃借人の内縁の妻は、賃借人が死亡した場合には、<u>相続人の賃借権を援用して賃貸人に対し当該家屋に居住する権利を主張することができる</u>が、相続人とともに共同賃借人となるものではない。

ⓒ　では、相続人が、内縁関係にあった妻に対し、明け渡しを請求してきたら、常にこれに応じなければならないのでしょうか。

　　最高裁昭和39年10月13日判決（判時393号29頁）は、このような明け渡しの請求を「権利の濫用」として、許されないものとしました。

> **＜最高裁第三小法廷昭和39年10月13日判決（判時393号29頁）＞**
>
> 判旨　内縁の夫死亡後その所有家屋に居住する寡婦に対して亡夫の相続人が家屋明渡請求をした場合において、右相続人が亡夫の養子であり、家庭内の不和のため離縁することに決定していたが戸籍上の手続をしないうちに亡夫が死亡したものであり、また、右相続人が当該家屋を使用しなければならない差し迫つた必要が存しないのに、寡婦の側では、子女がまだ、独立して生計を営むにいたらず、右家屋を明け渡すときは家計上相当重大な打撃を受けるおそれがある等原判決認定の事情（原判決理由参照）があるときは、<u>右請求は、権利の濫用にあたり許されないものと解すべきである</u>。

(4)　その他

　死亡退職金の受給権、年金等の取り扱いについては、133ページ以降をご覧ください。

3. 子は相続できるか

(1) 法定相続分

① 法的な婚姻関係にない男女の間で生まれた子（非嫡出子）については、民法900条4号ただし書きに基づいて、その相続分は、嫡出子に比べて2分の1になるとされていました。

たとえば、パートナーに他に子がいて、その子が嫡出子であった場合（婚姻関係にあった先妻との間に子がいた場合など）は、内縁関係のパートナーとの子は非嫡出子であるため、嫡出子に比べて相続分が小さくなります。

② 民法900条4号ただし書きについては、平成25年9月4日、「法の下の平等に反することから、憲法違反である」、とする最高裁判所の決定がなされました。

最近の話題でもありますので、上記の判例についても以下触れておきます。以下は最高裁大法廷平成25年9月4日決定（民集67巻6号1320頁）からの引用になります。

「昭和22年民法改正時から現在に至るまでの間の社会の動向、我が国における家族形態の多様化やこれに伴う国民の意識の変化、諸外国の立法のすう勢及び我が国が批准した条約の内容とこれに基づき設置された委員会からの指摘、嫡出子と嫡出でない子の区別に関わる法制等の変化、更にはこれまでの当審判例における度重なる問題の指摘等を総合的に考察すれば、家族という共同体の中における個人の尊重がより明確に認識されてきたことは明らかであるといえる。そして、法律婚という制度自体は我が国に定着しているとしても、上記のような認識の変化に伴い、上記制度の下で父母が婚姻関係になかったという、子にとっては自ら選択ないし修正する余地のない事柄を理由としてその子に不利益を及ぼすことは許されず、子を個人として尊重し、その権利を保障すべきであるという考えが確立されてきているものということができる。(中略)

したがって、本件規定は、遅くとも平成13年7月当時において、憲法14条1項に違反していたものというべきである。」

　この点については長年論争があり、最高裁自身が平成7年には合憲の判断を下していたところでした（最高裁平成7年7月5日決定（民集49巻7号1789頁））が、大きな判例変更となり話題を呼びました。これを受けて、平成25年12月4日に民法が改正され、上記の民法900条4号ただし書きの規定が撤廃されて、嫡出でない子の相続分も、嫡出子の相続分と同等になりました。この改正法の適用は、平成25年9月5日以降に開始した相続に限られるとされていますが、上記の平成25年最高裁決定が「遅くとも平成13年7月当時」違憲であったと述べているため、法務省の改正法解説によれば、「平成13年7月1日から平成25年9月4日まで」の間に開始した相続については、改正法と同様の扱いがなされる（ただし、すでに遺産分割協議や裁判が終了している場合には、その効力は覆らない）ことが考えられるとされています。それ以前の相続については、おそらく、改正前の900条4号ただし書きの規定が適用されることになるものと思われますが、現時点では事例の集積もなく不確定な部分もあります。遺産分割の事件では、父母の代の遺産だけでなく、祖父母の代の遺産が分割未了のまま残っている等のケースも少なくないため、いつの誰の相続かによって異なる問題が生じる可能性もあります。

　もっとも、この違憲判決及び改正については、いわゆる保守的な考え方から、法律婚制度が軽視されることになる等の反発もあり、法律婚をしている配偶者の相続分を増やす等のさらなる法改正を検討するといった議論も出ています。

(2)　まとめ

　認知をされた子であれば、相続をすることができます。ただし、上記はあくまでも遺言書がない場合の、法で定められた相続分のことです。遺言書がある場合には、原則的には遺言書に従うことになります。

４. 事前の対策はどうしたらよいか（遺言書の作成）

(1) 生前贈与

　内縁、事実婚にあるパートナーに対して、財産を渡す方法の一つとして生前贈与が考えられます。もちろん、子に対して財産を渡す方法としても使えます。税金の関係等は、110ページ以降をご覧ください。

(2) 遺　贈

　「遺言書」によって、パートナーや子に対して、財産を遺すことを遺贈といいます。遺言書によって遺贈できるのは法定相続人に限りませんので、内縁関係のパートナーに対しても、この方法によって財産を遺すことができます。（ただし、他の相続人から遺留分（相続人が最低限、相続できる財産のこと）を請求されたり、遺言通りの効力が認められないこともあります）内縁関係にある夫婦間に限らず、相続に関する事前の対策として、もっとも馴染みのあるものと言えるでしょう。

(3) 遺言書の作成の仕方

　遺言書の書き方については、多数の書籍が出ているところです。この本では、ごく簡単にポイントだけを触れるに留めます。

① 自筆遺言

　　ご自分で遺言書を作成する場合です。

　ⓐ　遺言の内容や日付、署名等、すべて自書する

　　　パソコンでの作成は認められません。

　ⓑ　日付を明記する

　　　作成日が特定できない表現は無効となりますから、日付をきちんと記載してください。「平成13年7月吉日」といった記載は無効であるとされています。

事実婚・内縁関係編

同性婚編

困った時の相談先

索　引

97

ⓒ　署名・押印する

　　法律的には実印でなければならないということはありませんので、認印でも構いません。ただし、後日の紛争の予防という意味では、実印の方がよいでしょう。

ⓓ　封筒に入れ、封印する

　　遺言書を記載するにあたっては、極力あいまいな表現は避け、特に、財産については特定できるようにしておく必要があります。問題があると遺言がすべて無効となり、何の意味も持たなくなってしまう危険もありますので、できる限り、専門家に内容を確認してもらった上で、次の公正証書遺言の方法で遺言書を作成した方がよいでしょう。

② **公正証書遺言**

　　「公正証書遺言」とは、「遺言者が、公証人の面前で、遺言の内容を口授し、それに基づいて、公証人が、遺言者の真意を正確に文章にまとめ、公正証書遺言として作成するもの」です。

　　費用や、証人を2人用意すること等が必要となりますが、遺言書としては、もっとも確実なものと言えるでしょう。公正証書遺言の場合、公証役場にて公証人が関与して作成されるため、要式が満たされず無効となる危険性は低いと言えますし、公証役場で保管もされます。また、自筆遺言等と異なり、2人の証人および公証人の立会いの下、作成されるものであり、「偽造された遺言書ではないか」という問題を生じにくいというメリットがあります。

(4) **検認について**

　パートナーの死亡後、そのパートナーの、「自筆証書遺言書」等を保管している場合あるいは発見した場合、勝手に、開封してはいけません（公正証書遺言は除きます）。

民法1004条　遺言書の保管者は、相続の開始を知った後、遅滞なく、これを家庭裁判所に提出して、その検認を請求しなければならない。遺言書の保管者がない場合において、相続人が遺言書を発見した後も、同様とする。

2　前項の規定は、公正証書による遺言については、適用しない。

3　封印のある遺言書は、家庭裁判所において相続人又はその代理人の立会いがなければ、開封することができない。

民法1005条　前条の規定により遺言書を提出することを怠り、その検認を経ないで遺言を執行し、又は家庭裁判所外においてその開封をした者は、5万円以下の過料に処する。

　このように、遺言書を、家庭裁判所に提出し、「検認」を受けなければならないのです。検認とは、遺言書の記載を確認する手続きで、遺言書の存在や内容を、他の相続人にも知らしめたり、遺言書の偽造や変造を防止するという趣旨を担っています。封印のある遺言書は、家庭裁判所において、相続人またはその代理人の立会の上で開封されます。なお、仮に間違って開封してしまった場合でも検認はしてもらえますので、その後のトラブルを防ぐためにもきちんと手続きをとりましょう。

5. お墓はどうするか

(1)　祭祀承継とは

　内縁関係、事実婚の関係にあるパートナーの方々において、パートナーの一方が亡くなられた場合、パートナーが眠るお墓を守り、将来的には一緒のお墓に入りたいと思われることは多いことでしょう。

　ここで、お墓に関連する法律の規定を見てみましょう。

　前提として、「祭祀財産」という言葉をご説明します。祭祀財産とは、祖

先のまつりごとを行うために必要なもので、つまり「系譜（系図）・祭具（位牌・仏壇）・墳墓（墓石・墓地）」(内田貴著『民法Ⅳ』(東京大学出版、2004年) 374頁)を指します。

この祭祀財産が、人の死亡によってどのように扱われるのか、と言う点も、法律が規定しています。

まず、相続財産の一般的取扱いは、先ほどお話ししたように、民法896条によって、相続人に承継されることになります。

> **民法896条**　相続人は、相続開始の時から、被相続人の財産に属した一切の権利義務を承継する。ただし、被相続人の一身に専属したものは、この限りでない。

これに続いて、同法897条が、祭祀に関する権利の承継、を規定しています。

> **民法897条**　系譜、祭具及び墳墓の所有権は、前条の規定にかかわらず、慣習に従って祖先の祭祀を主宰すべき者が承継する。ただし、被相続人の指定に従って祖先の祭祀を主宰すべき者があるときは、その者が承継する。
> 　2　前項本文の場合において慣習が明らかでないときは、同項の権利を承継すべき者は、家庭裁判所が定める。

「前条の規定にかかわらず」とあるように、祭祀財産の承継は、「相続」の対象にはならず、いわば、「別の問題」になります。これは、祭祀財産が、通常の財産と異なり、複数の相続人間で分割する等の行為には馴染まないことに由来すると考えられます。

お墓の問題は、このように祭祀財産を承継する者、すなわち祭祀承継者が誰であるか、ということに密接に関連します。具体例を挙げてご説明しましょう。

(2) 同じお墓に入るために
① 同じお墓に入るためには、祭祀承継者からの理解があることが必要です。それと関連して、現在の祭祀承継者が誰であるか、ということが問題になります。
② たとえば、山田冬彦と秋江さんが内縁関係にあったとします。
　山田家のお墓等に関して、現在、冬彦さんの兄冬一さんが祭祀承継者として管理していたとします。

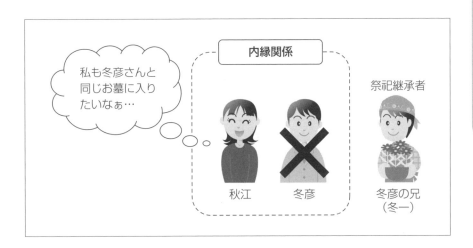

　この場合冬彦さんが先に亡くなってしまい、冬彦さんがお墓に埋葬されましたが、その後、秋江さんが同じお墓に埋葬されることを希望しても冬一さんがこれを拒否すれば、同じお墓に入ることが難しくなってしまうと言えるでしょう。
　ですので、祭祀承継者と、従前から話し合っておくことが必要です。
③ あるいは、生前から冬彦と秋江さんで話し合いをし、あらかじめお墓を建てておき、そのお墓の管理方法等を取り決めておくことも考えられます。「祭祀承継者」は、必ずしも、「相続人」である必要はないとされています（例えば、財産については相続放棄をした者が祭祀承継者になる

101

こともあります）。

　祭祀財産を承継する者を誰とするかは、897条に規定されているように、被相続人（ここでいう冬彦さん）が、誰を指定したか、ということが重要になってきます。指定の方法は、特に定めはありませんが、やはり、遺言書で指定をしておくことがよいでしょう。

　ですので、冬彦さんが、秋江さんや子供（遥さん）を、遺言で、お墓の承継者として指名をしておくということを記載しておくのがよいでしょう。また、お墓の問題とはずれますが、仮に、何らか紛争になりそうなのであれば、葬儀の喪主等を秋江さんにする旨も記載しておくのも、よいかもしれません。

6. 死後認知

(1) パートナーが死亡した後の認知
　認知については、すでに56ページでお話ししたとおりです。

　しかし、何らかの事情で、子に対する認知をしないままに、パートナーが死亡してしまった場合、このままでは、子には相続権がありません。

　そこで、ここでは、パートナーが認知しないまま死亡した場合や遺言で認知を行う場合についてお話しします。

(2) 遺言による認知
① 認知に関する条文は既にご紹介しましたが、認知の様式についても条文をここで再確認します。

> 民法781条　認知は、戸籍法の定めるところにより届け出ることによってする。
> 2　認知は、遺言によっても、することができる。

　このように、法は、遺言によって、認知をすることを認めているので

す。

② 遺言書で認知をする場合に記載すべきポイントは下記のとおりです。

●子の母親が誰であるかを明記する

●認知する子の住所、氏名、生年月日、本籍、戸籍の筆頭者を記述する

●遺言執行者の指定（この点は後述します。）

なお、認知しようとしている子が、すでに成年の時は本人の承諾が必要となります。

また、59ページでお話ししたように、子が胎児である時には、母親の承諾が必要となります。

③ 遺言による認知を行う場合に関しては、戸籍法64条の定めも把握しておく必要があります。

> **戸籍法64条** 遺言による認知の場合には、遺言執行者は、その就職の日から10日以内に、認知に関する遺言の謄本を添附して、第60条又は第61条の規定に従つて、その届出をしなければならない。

このように、遺言による認知を行った場合、「遺言執行者」が、就任の日から10日以内に、遺言の謄本を添付した上で、認知の届出を行うことになります。

ですので、遺言による認知を行うのであれば、遺言で、遺言執行者の指定ないし指定の委託を行っておいたほうがよいでしょう。仮に上記がない場合には、家庭裁判所で、遺言執行者を選任する必要があります。

遺言執行者の選任の申立てについては、書式や記載例が裁判所のホームページに掲載されています。

http://www.courts.go.jp/nagoya-f/vcms_lf/syouteim-s06mk.H250101.
pdf

(3) 死後認知請求

① 遺言による認知もない場合には、法的には、認知の訴え、という手続き等があります。ただし、一方が死亡している中で親子関係を証明していくことの問題等もあり、ここでは、簡単にご紹介だけはさせていただきますが、できれば、やはり事前に認知をしておいたほうがよいでしょう。

> 民法787条　子、その直系卑属又はこれらの者の法定代理人は、認知の訴えを提起することができる。ただし、父又は母の死亡の日から3年を経過したときは、この限りでない。

上記のように期間的には、死亡の日から3年という期間制限があります。

パートナーが死亡しているので、誰を相手方とするかという問題がありますが、これは、人事訴訟法に基づき、検察官が、相手方ないし被告となることになっています（人事訴訟法12条3項）。

② 死後認知請求に関して、もう一点補足します。

死後認知に時間がかかっている間に、パートナーの遺産について、すでに遺産分割が終了してしまうこともあり得ます。例えば先ほどの例でいうと、冬彦さんに、離婚した夏江さん（先妻）がいて、夏江さんとの間に子供たちがいた場合です。すでに、冬彦さんの不動産等について、遺産分割が終了していることもあり得ます。

認知によって、冬彦さんと秋江さんの子遥さんは相続人となりますが、状況によっては、金銭賠償とされることもあります。

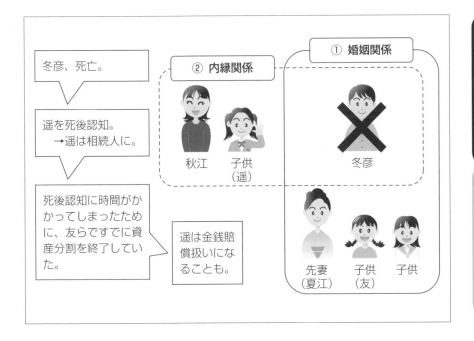

> 民法910条　相続の開始後認知によって相続人となった者が遺産の分割を請求しようとする場合において、他の共同相続人が既にその分割その他の処分をしたときは、価額のみによる支払の請求権を有する。

　死後認知の問題になった場合には、ご本人でなさることはあまりお勧めしません。しかるべき専門家に相談されたほうがよいでしょう。

7. パートナーが交通事故等で死亡した場合

(1) パートナーが事故で亡くなったら

　相続の問題とは異なりますが、パートナーの死亡に関連する問題に触れておきます。たとえば、冬彦が、交通事故で死亡した場合、専ら冬彦の収入で生活をしてきた、「内縁の妻」である秋江は、その加害者側（保険会社側）

に対して、「逸失利益」や「慰謝料」を請求することができるのでしょうか。

(2) 逸失利益の問題

　逸失利益、というのは、冬彦が、交通事故に遭わなければ、冬彦が得られたであろう将来の利益（収入等）を言います（なお逸失利益の計算式等については、本書では触れません）。逸失利益については損害として、加害者側に賠償請求をすることができますが、この請求権はあくまで冬彦の請求権ですので、内縁の妻である秋江は、相続権がない以上、逸失利益についての請求権を故冬彦から取得することはできません。

　しかしながら、上記に代わり、「扶養請求権」の侵害による損害賠償請求権が認められる場合があります。

　つまり、秋江が冬彦の収入で生活をしていた場合、冬彦に扶養をしてもらう権利（内縁における「扶助協力義務」から導かれます）を侵害されたわけですから、加害者側に対して、秋江自身の権利である「扶養請求権」の侵害に基づき、損害賠償を請求することができます。

　ただし、扶養請求権の侵害に基づく損害賠償は、逸失利益よりも、取得できる金額が少なくなるのが一般です。というのも、故冬彦の収入のすべてが、秋江の扶養に充てられるわけではないでしょうから、秋江が取得できるのも、故冬彦の収入に対する一部ということになるからです。

　この点に関連する裁判例は、「**法律知識の④（35ページ）**」で紹介していますので、そちらをご覧ください。

　なお、上記権利が認められるのは、単に内縁の妻が、内縁の夫に扶養されていたというだけでなく、内縁の妻が、自己の財産または労働によって生活できないという扶養を必要とする状態にあったことを前提としなければならないという判例もあります（横浜地裁昭和47年11月9日判決（判タ298号407頁））。

　なお、本件のような場合、たとえば冬彦に前妻夏江との間に子、友がいたとします。加害者から取得できる損害賠償金（たとえば、自動車損害賠

償保障法による賠償金）からまずは秋江に対する扶養利益を先に取り、その余りを友に相続させるのが妥当なのか、「扶養利益か相続財産のいずれを優先すべきか」、が問題になります。

この点について裁判例は、「死亡被害者の逸失利益は同人が死亡しなかったとすれば得べかりし利益であるところ、死亡被害者の内縁の配偶者の扶養に要する費用は右利益から支出されるものである」から、内縁の配偶者の将来の扶養利益は逸失利益から控除するのが相当（最高裁平成5年4月6日判決（民集47巻6号4505頁））として、賠償額からまず扶養利益を控除したのち、残りを相続人の取り分としています。

(3) 慰謝料の問題

では、次に、秋江が事故で死亡した場合、冬彦に連れ子友、薫がいたとします。この連れ子は、秋江と養子縁組をしてはいませんでしたが、彼女にずっと可愛がられて育てられていたとします。この場合、友さん薫さんは加害者側に対して慰謝料などを請求できないのでしょうか。

<大阪地裁平成24年7月19日判決（交民45巻4号859頁）>

事案 冬彦と秋江は、昭和58年から内縁関係にあり、昭和62年頃から、秋江は冬彦が子ら（友、薫）と居住するのと同じマンションの別室に転居し、日中は冬彦の部屋にいて家事や子らの面倒を見て、夜は自己の部屋へ、あるいは冬彦とともに自己の部屋にて就寝する生活をしていた。両名は、平成6年に婚姻した。翌年冬彦は病死。その後、友は、秋江と同居するようになり、秋江が病気になった際には、友が看病する等していた（秋江には実子はいなかった）。なお、秋江は、子の負債の返済のため、月20万円を援助することを約束していた。しかし、秋江は交通事故により死亡し、冬彦の子である友、薫が、加害者に扶養権の侵害と慰謝料を請求した事案。

判旨 ①交通事故により死亡した被害者（秋江）の内縁配偶者（冬彦）の子につき、被害者が扶養義務を負う者ではなく、被害者の内縁配偶者の子の負債返済として最低月20万円を援助することを約していたとしても、被害者の内縁配偶者の子が健康で十分な収入があることに照らし、被害者の内縁配偶者の子に「扶養の具体的な必要性」はない、として、扶養利益の逸失利益は認めなかった。②しかし、一方で「原告らは、成年前後の時期に、冬彦と内縁関係にあった秋江を、事実上の母親として、同じマンションに居住して生活し、就寝時に部屋を違えた点を除いては、実の親子と同様の生活を送ってきた」とし、冬彦の死後、その連れ子らにとっては、「秋江ほど親密な関係にある者はいなかった」と認定した上で、「民法711条に基づき、遺族固有の慰謝料請求権を取得すべき「子」とは、実子ないし養子を指すものと解すべきではあるが、養子縁組を経ていない事実上の養子についても、同条の類推適用を肯定することができる。」とした。

　このようにして、上記の判例では、慰謝料の請求を認めています（金額は、同居の子、友につき200万円、別居の子、薫につき50万円）。
　内縁関係の後、冬彦と秋江は婚姻をしてはいますが、上記は「実の親子と同様の生活を送って」きたことを根拠として、子らに慰謝料の請求を認めていますので、内縁関係が継続中の事故であっても、子らに慰謝料請求が認められる可能性はあると言えるでしょう。

〈秋江・冬彦は婚姻関係〉

秋江　冬彦　子供　子供

- 秋江が冬彦親子と同居。
- 冬彦死亡後も秋江と冬彦の子供は同居。養子縁組はしないながらも、親子のような関係を継続。
- 秋江が交通事故で死亡。
- 冬彦の子供達が、加害者に扶養権の侵害と慰謝料を請求。

＊内縁関係が継続中の事故でも請求が認められる可能性

事実婚・内縁関係編

同性婚編

困った時の相談先

索引

税務	【事実婚・内縁関係編】税務の知識①
	# 所得税上の取扱い

【理解しておきたいポイント】

1. 一般的な所得税の考え方 ……………………………………………… P.110
2. 夫が個人事業をしている場合 ………………………………………… P.116

　日本の税制は非常に事実婚（内縁）には厳しい内容になっています。徴税の便宜を図るため、画一的に法律婚主義を採用しています。

　人が生涯に関わる税金には、所得税、贈与税、相続税などがありますが、事実婚（内縁）の場合いずれの税金においても特別に規定されている事項を除き、配偶者に適用される規定を適用することができません。

　以下では、法律婚であれば適用できる税制が、事実婚（内縁）の場合には適用できないために、税額でどのような差が生じるのかを説明します。ここではまず、所得税上の取扱いについて解説します。

1. 一般的な所得税の考え方

　所得税は次の図の計算式で計算されます。

　このうち、「所得控除」の中に、法律婚だと適用できるが、事実婚（内縁）だと適用できないものがあります。

■図表1　所得税の求め方

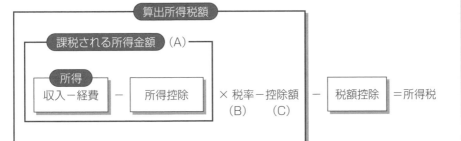

■図表2　算出所得税額の速算表

課税される所得金額(A)	税率(B)	控除額(C)	税額＝(A)×(B)−(C)
	5%	−	(A)×5%
195万円超　330万円以下	10%	97,500円	(A)×10%−97,500円
330万円超　695万円以下	20%	427,500円	(A)×20%−427,500円
695万円超　900万円以下	23%	636,000円	(A)×23%−636,000円
900万円超　1,800万円以下	33%	1,536,000円	(A)×33%−1,536,000円
1,800万円超　4,000万円以下	40%	2,796,000円	(A)×40%−2,796,000円
4,000万円超	45%	4,796,000円	(A)×45%−4,796,000円

　113ページの図表3の中の、配偶者控除、配偶者特別控除及び寡婦控除は、税制は事実婚（内縁）の相手を配偶者と認めていないので、適用されません[※1]（所得税基本通達2−46）。

　また、医療費控除および社会保険料控除は「生計を一にする配偶者やその他の親族」のために支出したものであれば、申告する方の所得控除に含

[※1]　所得税法は配偶者についての定義規定を置いていませんが、身分関係の基本法は民法ですから、所得税法上の配偶者については民法の規定に従って解し婚姻の届出が必要です（平成21年4月3日裁決（裁決事例集77集150頁））。

めて申告することができます。扶養しているかどうかとは関係がないので、共働きの夫婦の場合、所得税率の高い方が支出し申告することができます。しかし、事実婚（内縁）の夫婦の場合には適用されません。

　なお事実婚（内縁）の夫婦の間の子供のための支出の場合、母の所得控除に含めることは問題ありません。しかし父の所得控除に含めることができるかどうかは、父と子の間に法律上の親子関係があるかどうかによります。したがって、子供を認知する必要があり（民法789条）、認知をした日以降親族としての税制を適用することができます。

　さらに、**図表2**の課税される所得の金額が38万円以下の「生計を一にする配偶者やその他の親族」が所有する財産について、災害や盗難、横領により住宅や家財などに損害を受けた場合には雑損控除という所得控除が受けられますが、これも事実婚（内縁）の夫婦間では適用できません。

■図表3　所得税の様々な控除

	種　　類	控除を受けられる場合
1	医療費控除	一定額以上の医療費の支払いがある
2	社会保険料控除	国民健康保険料や国民年金保険料、後期高齢者医療保険料、介護保険料などの支払いがある
3	小規模企業共済等掛金控除	小規模企業共済法の共済契約に係る掛金、確定拠出年金法の企業型年金加入者掛金および個人型年金加入者掛金、心身障害者扶養共済制度に係る掛金の支払いがある
4	生命保険料控除	新（旧）生命保険料や介護医療保険料、新（旧）個人年金保険料の支払いがある
5	地震保険料控除	地震保険料や（旧）長期損害保険料の支払いがある
6	寄附金控除	国、地方公共団体などに支出した寄附金や特定の政治献金、震災関連寄附金などの支払いがある
7	雑損控除	災害や盗難、横領により住宅や家財などに損害を受けた
8	寡婦・寡夫控除	あなたが寡婦または寡夫である（配偶者と離別または死別している）
9	勤労学生控除	あなたが勤労学生である
10	障害者控除	あなたや控除対象配偶者、扶養親族が障害者である
11	配偶者控除	控除対象配偶者（合計所得金額が38万円以下）がいる
12	配偶者特別控除	あなたの合計所得金額が1,000万円以下で、配偶者の合計所得金額が38万円を超え、76万円未満である
13	扶養控除	控除対象扶養親族（配偶者以外の16歳以上の親族）がいる

事実婚・内縁関係編

同性婚編

困った時の相談先

索引

【設例】　法律婚の場合と事実婚（内縁）の家庭の所得税はいくらになるで
しょうか

（前提）家族構成は夫婦2人と子供2人の4人家族

社会保険は国民健康保険、国民年金に加入。

妻の所得は年間38万円以下

子供は2人とも小学生のため扶養控除適用なし

■図表4

年間 所得	国保	国民年金	社会保険料	うち妻分	配偶者控除	基礎控除
200	43	37	80	22	38	38
300	58	37	95	22	38	38
400	67	37	104	22	38	38
500	75	37	112	22	38	38
600	77	37	114	22	38	38
700	77	37	114	22	38	38
800	77	37	114	22	38	38
900	77	37	114	22	38	38
1000	77	37	114	22	38	38
1100	77	37	114	22	38	38
1200	77	37	114	22	38	38

＊上記の設例では社会保険を「国民年金」と「ある市区町村の国民健康保険」に
加入している場合で算出しています。国民健康保険は市区町村ごとに金額が
異なります。また厚生年金と健康保険組合に加入している場合も異なる結果
になります。

（万円）

課 税 所 得			所 得 税		
法律婚	事実婚	差額(A)	法律婚	事実婚	差額
44	104	60	2	5	3
129	189	60	6	9	3
220	280	60	12	18	6
312	372	60	21	32	11
410	470	60	39	51	12
510	570	60	59	71	12
610	670	60	79	91	12
710	770	60	100	114	14
810	870	60	123	137	14
910	970	60	147	167	20
1010	1070	60	180	200	20

　妻が専業主婦の場合、課税所得の差額(A)は、夫の所得水準にかかわらず一定となります。

2. 夫が個人事業をしている場合

　税制は法律上の配偶者には多くの特例を用意していますが、逆に配偶者には認めないとしているものがあります。個人事業主は配偶者に給料を払うことが認められていません。

Q　私は個人事業でカメラマンをしています。会社員の妻が土日のみ仕事を手伝ってくれているので、妻に給料を払いたいと思います。いくらくらいなら払っても良いですか？

A　基本的に個人事業主が配偶者に給料を支払っても税務上経費にすることができません。ただし次の要件を満たせば経費にすることができます（所得税法56条、57条、所得税法施行令164条〜167条）。

配偶者に支払った給料を経費にするための条件
　原則その年を通じて6月を超える期間（一定の場合には事業に従事することができる期間の2分の1を超える期間）、その事業に専ら従事していること

　「専ら従事している」とは、個別の事情を勘案して判断することになりますが、以下の場合には専ら従事しているとはいえません。
　・学生である（夜間の学生を除く）
　・他の職業がある
　したがって、ご質問者の奥様は会社員として他の職業をお持ちですので、給料を支払っても税務上経費にすることはできません[2]。

---

[2]　なお、個人事業主が配偶者にお給料を支払ことができる場合に必要となる手続きおよびその金額の算出方法は、その事業主が白色申告者であるか青色申告者であるかによって異なります。

しかし、税制は法律婚主義※3ですから事実婚の妻に払う分には何の規定もありません。妻が会社員でも大学生でも、支払った給料を税務上の経費にすることができます。金額も事業の状況、勤務の状況を勘案しながら自由に決定することができます。

※3　税制の多くは法律婚主義ですが、マイホームの譲渡損失の繰越控除などは配偶者および内縁関係者に譲渡した場合には適用がない、など、内縁関係にある者に不利な規定もあります。内縁関係にある者に有利に働く規定は本文中に紹介した規定を除きほぼないと考えてよいでしょう。

【事実婚・内縁関係編】税務の知識②

税務 贈与税の取扱い

【理解しておきたいポイント】

1. 贈与税上の取扱い ……………………………………………………… P.118

2. 夫婦の間で居住用の不動産を贈与したときの配偶者控除 ……… P.119

3. 基礎控除の活用 ………………………………………………………… P.120

---

1. 贈与税上の取扱い

贈与税は財産を受け取った人が、1年間に受け取った財産の額に応じて支払う税金です。

贈与税は次のように計算をします。

$$\boxed{贈与財産の評価額－基礎控除110万円} \times 税率－控除額＝贈与税$$

平成27年1月以降、父母や祖父母が20歳以上の子や孫に贈与する場合には一般の贈与税率よりも低い贈与税率（特例税率）が適用されるようになりました。

一方、夫婦間や第三者間での贈与の場合には、一般の贈与税率が適用されます。しかし贈与税には夫婦間の特例があります。

118　税務の知識

■図表　贈与税速算表

基礎控除後の課税価格	一般税率		特例税率 （祖父母・父母から20歳以上の子や孫へ）	
	税率	控除額	税率	控除額
200万円以下	10%	―	10%	―
300万円以下	15%	10万円	15%	10万円
400万円以下	20%	25万円		
600万円以下	30%	65万円	20%	30万円
1,000万円以下	40%	125万円	30%	90万円
1,500万円以下	45%	175万円	40%	190万円
3,000万円以下	50%	250万円	45%	265万円
4,500万円以下	55%	400万円	50%	415万円
4,500万円超			55%	640万円

2. 夫婦の間で居住用の不動産を贈与したときの配偶者控除

　婚姻期間が20年以上の夫婦の間で、居住用不動産または居住用不動産を取得するための金銭の贈与が行われた場合、基礎控除110万円のほかに最高2,000万円まで控除（配偶者控除）できるという特例です。2,110万円までが非課税になります（相続税法21条の6）。3,000万円の土地を贈与した場合、231万円の贈与税がかかります（（3,000万円－2,110万円）×40％－125万円）。実質の贈与税率は7.7％（231万円/3000万円）ですみます。

　ですが税法はこの配偶者控除に関し、婚姻期間の計算は婚姻の届出があった日から計算する（相続税法施行令4条の6）、と明記していますので、事実婚（内縁）の夫婦にこの適用はありません。

　3,000万円の土地を事実婚（内縁）の妻に贈与をしようとすると、贈与税率は50％の1,195万円（3,000万円－110万円）×50％－250万円）となり、か

なりの贈与税を納めなければならず、居住用不動産を生前贈与するのは難しいと言えるでしょう。

3. 基礎控除の活用

一方、基礎控除は誰でも使うことができます。これは年間110万円までの贈与が非課税となる制度です。受け取る側に110万円の非課税枠があります。したがって、毎年110万円ずつ贈与[4]をした場合、10年で1,100万円、20年で2,200万円の贈与が可能です。

贈与税をまったく払いたくないと思ったら上記のように地道に毎年110万円ずつ贈与するしかありませんが、10％くらいの贈与税なら払っても良いならば、倍のスピードで財産を移すことができます。

毎年210万円ずつ贈与をします。その場合毎年の贈与税は10万円です。手取りの贈与財産は毎年200万円になりますから、10年で2,000万円、20年で4,000万円の財産を移転できます。

事実婚のご夫婦の場合、年齢などを考慮の上、生前贈与を計画的に利用することが有効です。

なお、贈与は贈与者と受贈者双方の意思があって、初めて成立するものです。税務調査においてもしばしばこの点が争点となるので留意が必要です。

---

[4] 毎年110万円ずつ連年贈与をする場合、税務上も贈与が有効に成立したと認めてもらえるように、証跡を残し、もらった側が自由に使える状況にすることが大切です。安易に自己判断で実施し、贈与が否認されることが多々ありますので、専門家に確認するなどして実行されることをお勧めします。

120　税務の知識

【事実婚・内縁関係編】税務の知識③

税務 相続税の取扱い

事実婚・内縁関係編

同性婚編

【理解しておきたいポイント】

1. 相続税上の取扱い …………………………………………… P.121
   * 法律婚の場合の例 ………………………………………… P.123
   * 内縁関係の場合の例 ……………………………………… P.124

困った時の相談先 索引

1. 相続税上の取扱い

　相続税は平成27年より遺産が3,600万円以上ある人[5]に課税されること
になりました。

　納税義務があるのは、遺産を相続または遺贈によって受け取る人です。

　相続税は次の図表のように計算します。

　課税遺産総額を、仮に法定相続人が法定相続分で相続したという前提
で、それぞれの法定相続財産を計算し、その財産ごとに超過累進税率を乗
じ相続税額を算出します。そのようにして算出した相続税額の総額を、実
際の相続・遺贈割合に応じて按分し、各人が負担すべき相続税額を算出し
ます。

　各人が負担する相続税額が決まったのち、各人の状況に応じて税額控除
を適用します。税額控除には、

① 配偶者の税額軽減

② 障害者控除

―――――――――――――

[5] 相続人が1人の場合

121

■図表　相続税のしくみ

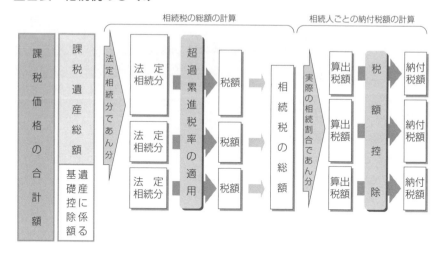

③　未成年者控除

などがあります。

　配偶者の税額軽減とは、被相続人の配偶者が相続や遺贈により取得した遺産額が、1億6,000万円まで、または配偶者の法定相続分相当額までのどちらか多い金額までは配偶者に相続税はかからないという制度です（相続税法19条の2、32条、相続税法施行規則1条の6、16条）。

　この効果は非常に大きく、たとえば相続財産1億円の方の場合で考えてみると次のようになります。

【例1】 法律婚のケース

夫相続開始

家族　妻・子供1人

相続財産　1億円

相続税の金額は下表のようになります。

ケース1		ケース2		ケース3	
妻すべて	0円	妻1/2	0円	妻なし	―
子なし	―	子1/2	385万円	子すべて	770万円
合計	0円	合計	385万円	合計	770万円

　妻はどのような比率で相続をしても1億6,000万円までは配偶者の税額軽減の対象になるので、相続税はかかりません。

　一方事実婚（内縁）の妻の場合、法定相続人ではありませんから「相続」はできませんが、遺言がある場合には遺贈により財産を受贈することができます。（遺言の書き方については「**法律の知識⑨**」（97ページ）。遺贈で財産を受け取った人も、他の相続人の相続分と併せて相続税の申告書を提出する必要があり、相続税が課税されます。ただし、相続税の算出にあたっては、配偶者の税額軽減を受けることはできませんし（相続税法基本通達19の2-2）、相続人ではないので基礎控除もありません。この結果、相続税は次ページの**【例2】**のようになります。

【例2】 事実婚（内縁）のケース

夫相続開始

家族　妻（内縁）・子供1人

相続財産　1億円

相続税の金額は下表のようになります。

ケース1[6]		ケース2		ケース3	
妻すべて	1,464万円	妻1/2	＊732万円	妻なし	－
子なし	－	子1/2	610万円	子すべて	1,220万円
合計	1,464万円	合計	1,342万円	合計	1,220万円

　例1の法律婚の表と比べると、事実婚の場合には妻だけでなく子の相続税額も増えていることがわかります。

　さらに内縁の妻の相続税は、法定相続人が相続する場合の1.2倍になります。

　＊610万円×1.2倍＝732万円

　法律婚の妻のように0円にならないばかりか、なんと子が相続する場合よりも多い税金を払うことになっています。

　これは血縁関係が薄い人やまったくない人が相続財産を受け取る場合にかかる相続税は2割増とする規定があるためです（相続税法18条）。2割増となる人は次に挙げる人以外の人です。

●被相続人の配偶者

●被相続人の一親等の血族（親と子供）

---

[6]　亡くなられた方の兄弟姉妹以外の相続人には相続財産の一定割合（遺留分）を相続しうるという権利があり、その遺留分を下回る内容を記した遺言に対しては、遺留分減殺請求がなされることにより、遺言が実現されない可能性があります。子の遺留分は法定相続分の1/2と定められており、【例1】の家族構成の場合の子の法定相続分は1/2、遺留分は1/4、【例2】の家族構成の場合の子の法定相続分は1/1、遺留分は1/2です。

●代襲相続人である被相続人の孫

　遺言があれば事実婚（内縁）の妻であっても遺贈によって遺産を受け取ることができますが、その際に支払わなければならない相続税は想像以上に大きくなると理解し、生前の段階から、遺言の準備とあわせて納税資金対策を十分に講じておくことが大切です。

　なお、配偶者の税額軽減は、相続開始時（亡くなったその時）に配偶者であれば適用でき、婚姻期間は問われません。以前、亡くなる当日に内縁関係にあった女性と入籍した俳優さんが話題になりましたが、相続税には確実に絶大な効果があります。

コラム　民事信託を利用した財産の遺し方

　事実婚の相手に相続財産を遺すためには、遺言を作成し、遺贈する方法が一般的ですが、昨今、民事信託を利用して財産を遺す方法も利用されるようになってきました。民事信託を利用したスキームは複雑で、当事者に相続人がいるかどうかによってスキームが異なりますが、お互いの収入を信託財産に追加信託として組み入れ、法律婚の夫婦と同様にそこに共有財産を形成していき、一方が死亡した場合には遺された一方が受益者となることで、相続と同様の効果をもたらすという手法です。相続税も課税されますし、遺留分の考慮も必要です。

　さらに事務コストがかかりますが、事実婚のご夫婦間の財産の安定には有効です。

事実婚・内縁関係編

同性婚編

困った時の相談先

索引

税務	【事実婚・内縁関係編】税務の知識④

納税の猶予と差し押さえ

【理解しておきたいポイント】

1. 延納について ……………………………………………………………… P.126
2. 滞納について ……………………………………………………………… P.127

　事実婚に関する税務の知識をこれまで見てきましたが、最後に、税法に定められている事実婚のパートナーが配偶者や親族と同様に扱われる事項についてご説明します。

　税金の延納、差し押さえなどの納税、租税徴収手続です。これらについては明文で配偶者と同様に扱う旨の規定があります。

1. 延納について

　納税者またはその者と生計を一にする親族が病気やケガによってその国税を一時的に納付することができない場合には、手続きをすればその納税が猶予される場合があります（国税通則法46条2項）。ここでいう生計を一にする親族には、事実上婚姻関係と同様の事情にある者が含まれます（国税通則法基本通達46条関係10）。

　相続税法には、延納できる金額の算定に関する規定があり、生計を一にする親族が、生活するのに通常必要な3か月分の費用を手元に残すことができる旨の規定がありますが、この親族には、納税者と婚姻の届け出をしていないが事実上婚姻関係と同様の事情にある者およびその事情にある者の親族を含む（相続税法施行令第12条1項2号）と規定されています。

126　税務の知識

2. 滞納について

　滞納してしまった場合、国は滞納者の財産を差し押さえることができますが、滞納者および事実上婚姻関係にある者も含めた生計を一にする親族の生活に欠くことができない衣服、寝具、家具、台所用具、畳、建具、生活に必要な3か月分の食料・燃料等については、差し押さえることができません（国税徴収法75条、76条）。

　また滞納した税金の納期限の1年前までに滞納者が親族その他の特殊関係者に事業を譲渡し、事業を譲り受けた者が事業を継続している場合には譲り受けた者が滞納している税金の第二次納税義務を負うことになっていますが（国税徴収法38条）、この特殊関係者には事実上婚姻関係にある者を含む（国税徴収法施行令13条1項1号）などの規定があります。

コラム　その他の規定

　このほか納税猶予と差し押さえ以外に、事実婚のパートナーについて特記されている事項には次のもの等があります。

過大な給与の損金不算入

　法人が役員の事実婚（内縁）のパートナーに支払った過大な給与は損金算入されません（法人税法36条、法人税法施行令72条）。

みなし役員

　同族会社[7]の役員の事実婚（内縁）のパートナーは、会社法上は役員でなくても、法人税法上役員とみなされて、役員と同様の規定の適用を受けることがあります（法人税法2条15号）。たとえば役員報酬の損金不算入（法人税法34条、法人税法施行令第71条）の規定などです。

---

[7]　同族会社　大株主上位3人とその株主の特殊関係者が所有する株式の合計が50%を超える会社のこと（法人税法2条第10号）。この「特殊関係者」に婚姻の届出をしていないが事実上婚姻関係と同様の事情にある者と明記されています（法人税法施行令4条2項）。

社会保険	【事実婚・内縁関係編】社会保険の知識①
	会社員（公務員）（厚生年金・健康保険）の場合

【理解しておきたいポイント】

1. 被保険者と「社会保険上の扶養」 ······················· P.129
2. 社会保険の保障内容（死亡・障害・老齢時） ·············· P.133
   * パートナーが死亡した場合の保障制度 ·················· P.137
   * パートナーが障害状態になった場合の保障制度 ·········· P.144
   * パートナーが65歳以上になったときの保障制度 ··········· P.144
   * パートナーと事実婚関係を解消した場合の保障制度 ········ P.146
3. 育児中に利用できる社会保険等の制度 ···················· P.147

　日本の社会保険制度は事実婚（内縁）に対して、実態が婚姻関係と同様の状態であれば、「配偶者（夫・妻）」として扱うことになっているため[8]、通常の婚姻関係と同一の保障が受けられます。

　しかし、戸籍等で婚姻関係を証明できないため、その保障を受けるには、2人が「実態に基づく」事実婚の状態であるということを、公に書面等で証明することが必要です。

　ここからは、社会保険制度上事実婚が認められる場合の一般的な条件および事実婚（内縁）が認められた場合の社会保険制度について、会社員（公務員）の場合（厚生年金[9]と健康保険[10]に加入）と自営業の場合（国民年

---

[8] 厚生年金保険法3条2項は、「この法律において、「配偶者」、「夫」及び「妻」には、婚姻の届出をしていないが、事実上婚姻関係と同様の事情にある者を含むものとする。」と定めています。

[9] 会社員を対象とした公的年金制度で、国民年金に上乗せをした形で管理運用されています。70歳まで加入することが可能です。（158ページのコラム参照）

128　社会保険の知識

金[11] と国民健康保険[12] に加入) に分けて説明していきます。

　社会保険制度では事実婚と内縁は同様の判断基準で考えるため、社会保険編では事実婚 (内縁) と表現を統一しています (一部判例などでは内縁の表現を使っています)。

　また、平成27年10月に厚生年金と共済年金は一元化されました。共済年金の職域部分 (上乗せ分) については「年金払い退職給付」として退職金的性質になり、社会保険制度の一部ではなくなっています。

1. 被保険者と「社会保険上の扶養」

　会社員 (公務員) の場合、原則[13]厚生年金保険と健康保険の被保険者[14]となります (会社員 (公務員) であっても国民年金と国民健康保険に加入の場合は自営業の場合を参考にしてください)。

　厚生年金と健康保険に加入している被保険者に生計を維持されているパートナーや子が「社会保険上の扶養」に認定されれば、保険料の追加負担なしでパートナーや子も制度を利用することができます。

(1) 社会保険上の扶養として認定されるメリット

　パートナーや子が「社会保険上の扶養」の条件に合致すれば、下記のメリットがあります。

---

[10]　会社員 (被用者) を対象とした健康保険制度で、疾病・負傷・死亡・出産などの場合に治療費などを給付します。75歳まで加入することが可能です。国民健康保険と区別する際被用者健康保険と呼ぶこともあります。

[11]　日本では20歳以上60歳未満の場合は国民年金の被保険者となります。職業などによって第1号～第3号被保険者のいずれかの該当する種別で加入します。(157ページのコラム参照)

[12]　被用者健康保険 (ⅲ) に入っていない場合に加入する健康保険制度で、疾病・負傷・死亡・出産などの場合に治療費などを給付します。75歳まで加入することが可能です。

[13]　厚生年金は70歳まで、健康保険は75歳まで加入できる制度です。

[14]　保険制度において保障やサービスを受ける人のことです。

① 健康保険被扶養者証が発行され、健康保険の基本的な給付（疾病・負傷・死亡・出産）が保険料を追加負担せずに受けられます。

さらに、事実婚（内縁）が認められれば2人の子供でない場合（連れ子）であっても、同一世帯に属し、主として生計を維持されていれば健康保険の被扶養者にすることが可能です。

② 20歳以上60歳未満の扶養されているパートナーは国民年金第3号被保険者として国民年金に加入できるため、保険料を負担せずに将来の年金が受けられます。

③ パートナーが死亡した場合において、社会保険上の扶養になっていると、遺族年金を請求する際、内縁関係を立証しやすい状況を作れます。

④ パートナーが障害状態になった場合において、社会保険上の扶養になっていると、障害年金を受給時に配偶者や子の加算を申請する際、内縁関係を立証しやすい状況を作れます。

⑤ パートナーと事実婚（内縁）の関係を解消する場合においても、離婚分割（3号分割等）の制度が容易に利用できます。

⑵ **社会保険上の扶養として認定されるには**

社会保険上の扶養は、主たる収入を得ているパートナーが下記の条件にあてはまることが必要です。

① 主たる収入を得ているパートナーによって生計を維持されていること

② 主たる収入を得ているパートナーの年収[15]の半分未満であること

③ 将来において年収130万円未満[16]（60歳以上または障害者は180万円）であること

事実婚（内縁）の場合は、内縁関係を証明するために下記の追加書類が

---

[15] 社会保険の年収は将来の見込額（通勤交通費などの非課税額や賞与含む）で考えます。

[16] 見込み年収額が130万円未満とは、今後の1か月平均の収入が10万8,333円以下だと予測できる（通勤交通費を含みます）ことを意味します。

必要※17です。コピーは原則不可となっていますので、発効日より90日以内の原本を準備してください。

① 世帯が同一である住民票

　現在の市区町村において、他人である男女が同一の住居に住む場合、世帯を別にするケースと、世帯を同一にするケースとあります。世帯を同一にする場合については、続柄の内訳方法として市区町村で多少の表現の違いはあるようですが、「同居人」「妻（未届）」「夫（未届）」「縁故者」のいずれかになるようです。住居を同じくして数年経過しなければ「妻（未届）」「夫（未届）」という表現が使えないというわけではなく、希望さえ出せばすぐにでも記載は可能となっているようです。

　事実婚（内縁）の配偶者として扶養の認定をする場合は、まず、世帯が同一であることが絶対条件となります。続柄は「妻（未届）」「夫（未届）」が分かりやすいため望ましくはありますが、たとえ同居人であっても絶対に認められないというわけではなく、申立書など追加で申し立ての書類を提出することにより認められることもあります。また、同居の期間があまりに短い場合においては、「妻（未届）」「夫（未届）」であったとしても、本当に事実婚であるという実情が分かる申立書を提出する必要がある場合もあります。

② それぞれの戸籍謄（抄）本

　戸籍については、事実婚（内縁）のパートナーの両方あるいは片方に法律上の配偶者が存在しないことを確認するためのものです。

(3) 重婚的内縁関係と扶養の認定

　重婚的内縁関係とは、パートナーの両方あるいは片方に法律上の配偶者がいる関係のことです。原則としては、内縁関係に対して理解を示す社会保険制度であったとしても、重婚的内縁関係であった場合は、社会保険上

※17　基本的に日本年金機構や協会けんぽなどは必須の書類となっていますが、詳しくは会社を所轄する省庁にお問い合わせください。

■図表　被扶養者の範囲図（3親等の親族図）

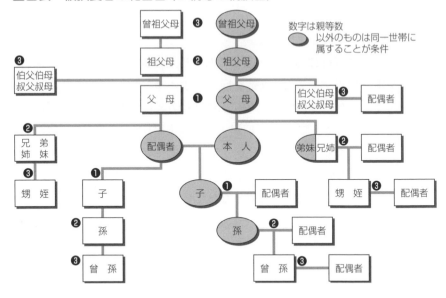

の扶養に入ることができません。

　ただし、相当期間の内縁関係が続いていたり、二人の間には子供がいたりといったケースにおいては、すでに法律上の配偶者と形だけの関係（形骸化といいます）になっていれば、ケースバイケースで認められる場合があるようです。

(4)　事実婚（近親婚）と扶養の認定

　近親により婚姻ができないような事実婚の場合においては、原則として内縁の妻としての扶養の認定はされることがありません。3親等内の親族（図表参照）である場合は、同居および生計維持の要件がそろっていれば、健康保険の扶養の認定はされるためです。ただし、あくまで事実婚（内縁）の配偶者として扶養を認定していないため、国民年金の扶養（3号）は受けられず、自身で支払うこととなります。遺族年金については、絶対にも

らえないわけではないようで、3親等内の近親婚者で認められたケースもあります。

(5) 外国人との事実婚について

外国人との事実婚（内縁）に関しても、原則として(1)の条件となりますが、内縁関係の外国人は一部のケースを除き、戸籍そのものがなく、戸籍謄（抄）本の取得がほぼ不可能です。

ただし、本来戸籍謄（抄）本の確認については、本来「重婚的内縁関係ではないか」を確認することが目的ですので、在留カードと婚姻要件具備証明書で代用することとしています。婚姻要件具備証明書は外国人の国籍のある大使館や領事館でもらうため、別途日本語での訳が必要になります。

また、平成24年からは日本に在留する外国人については住民基本台帳法の対象者となったため、住民票は取得が可能になっていますので、世帯同一の住民票は容易に取得可能です。

なお、通称がある場合はその旨書類に記載をすれば、健康保険証も通称で発行することも可能です。

2. 社会保険の保障内容（死亡・障害・老齢時）

(1) 事実婚（内縁）が認められた場合の保障内容

社会保険制度において、事実婚（内縁）であっても、通常の婚姻関係の場合と同じ保障が受けられます。

ただし、事実婚（内縁）は実態で判断するため、添付される書証により慎重に判断をしていくようです。

具体的には、同居年数だけでなく、住民票の続柄や毎年お盆や正月には実家や親せきに挨拶に行っている事実があるなど、親族に夫婦同然と認められる状況があったり、友人や職場の同僚に連名で長年にわたり年賀状を出しているなど、社会通念上夫婦として生活を営んでいたと思われるよう

な状況が必要だということです。

　法的に婚姻関係になることができない重婚的内縁関係であった場合や、近親婚などの場合でも遺族年金の受給が認められている判例もあります。

＜最高裁第一小法廷昭和58年4月14日判決（民集37巻3号270頁）、戸籍上の夫婦関係の形骸化により重婚的内縁関係の妻に遺族給付を認めた判例＞

事案　結婚20年を経過した頃冬彦が秋江と親密な仲になり、翌年より同棲を始めた。その後離婚調停を妻の春江が申し立てたが不調になり、夫婦は元のさやにおさまった。

　しかしその4年後冬彦はレナと親密な仲となり、その翌年より同棲をはじめた。その後冬彦は春江と子供たちのために養育料を仕送りし続けたが、春江はもとの関係に戻るような働きかけは一切なく、冬彦は死亡する11年後までの間レナとその連れ子との生活を続けた。同棲して数年後には、冬彦の健康保険の被扶養者は、レナとその連れ子となり、実母や親戚にもレナを新しい妻として紹介していた。

　妻春江は、夫冬彦の死後、遺族年金の受給権は重婚的内縁関係の妻であるレナでなく、本妻である自分にあると遺族給付を求めて訴訟を提起した。

判旨　遺族給付の定める配偶者とは、互いに協力して社会通念上夫婦としての共同生活を現実に営んでいたものと解するのが相当であるため、必ずしも民法上の配偶者の概念と同一のものとしなければならないわけではない。戸籍上届出のある配偶者であっても、その婚姻関係が実態を失って形骸化し、かつその状態が固定化して近い将来解消される見込みのないとき（事実上の離婚状態にある場合）は遺族給付を受けるべき配偶者には該当しないとし、重婚的内縁配偶者が遺族給付の対象「配偶者」であることを認めた。

- 冬彦は浮気をしたが1度は本妻春江の元に戻った
- 4年後冬彦はレナとその連れ子と同棲 冬彦は春江と子供に養育費を仕送り続けたが夫婦としての連絡はなく、レナと夫婦同然の生活を続ける
- 冬彦が死亡
- 春江が本妻である妻である自分に遺族年金の受給権があると請求

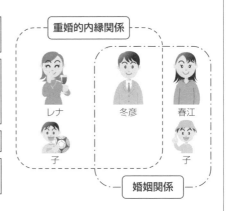

＜最高裁第一小法廷平成19年3月8日判決（民集61巻2号518頁）、3親等の傍系血族による近親婚に遺族給付を認めた判例＞

事案 冬彦は秋江の母のいとこである夏江と結婚したが、夏江は友を出産する前に病気になり、友を残し実家に帰ってしまった。冬彦は同居する冬彦の父と友を育てていたが、祖父のうちに長期の休みに滞在する秋江（冬彦の兄である冬一の子）に友がなつき、その後戸主的立場である親族の提案によって冬彦と秋江は夫婦としての共同生活を始めることとなった。冬彦と秋江は3親等内の親族（叔父と姪の関係）であったため、戸籍上の夫婦ではなかったものの、2人の子ももうけ、42年間の結婚生活が続いた。

冬彦の死後、秋絵が遺族年金の支給手続をしたところ、秋絵と冬彦は民法上の近親婚にあたり、遺族給付の対象である配偶者としては認められないと不支給の処分がされたため、遺族給付を求めて訴訟を提起した。

判旨 公的年金制度は民法の定める婚姻法秩序に反するような内縁関係にあるものまで遺族給付の定める配偶者として認めるべきではないが、3親等の傍系血族間の内縁関係については、それが形成されるに至った

経緯、周囲や地域社会の受け止め方、共同生活期間の長短、子の有無、夫婦生活の安定性に照らし、反倫理性、反公益性が婚姻法秩序維持等の観点から著しく低いと認められる場合には、上記近親婚間における婚姻を禁止すべき公益的要請よりも遺族の生活の安定と福祉の向上に寄与するという法の目的を優先させるべき特段の事情があるものというべきであるとし、事実上婚姻関係と同様の事情にある者とし、遺族給付を受けるべき配偶者にあたるとした。

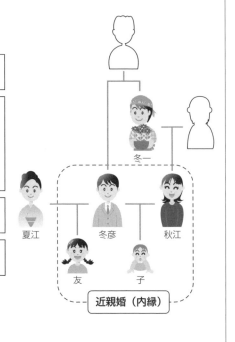

事実婚（内縁）として認められた場合の遺族年金・障害年金などの制度も記載しておきます。厚生年金制度に加入している会社員（公務員）の場合は、保険料の負担はありませんが、同時に国民年金第2号被保険者にも加入していることになるため、厚生年金保険・国民年金保険の保障を併せ

て受けることが可能※18です。

なお、厚生年金ではパートナーや子以外の親族が遺族年金を受けられる
ケースもありますが、複雑で内容が分かりにくくなってしまう恐れがある
ため、今回はパートナーと子の場合に限って説明をしています。

パートナーが死亡した場合の保障制度

パートナーが死亡した場合に、生計を維持していたパートナーや子がい
る場合に支給される年金です。

原則として、パートナー死亡時に受給権者の年収が850万円未満※19であ
ることが必要です。

遺族年金はパートナーのどちらが受け取るかで内容が異なるため、140
～143ページの図も参考にしてください。

【遺族基礎年金】

国民年金の被保険者（第1・2・3号いずれも可）または老齢基礎年金
の資格期間を満たしている下記①②のいずれかの条件に該当する者が死亡
したときに、死亡した者によって生計を維持されていた、子のあるパート
ナーまたは子がある場合に遺族基礎年金が支給されます。

支給は18歳（障害者の場合は20歳）到達年度の末日（3月31日）を経過
していない子がいる間だけであるため、子が全員18歳（障害者の場合は20
歳）到達年度の末日（3月31日）を経過してしまえば支給はされません。

① 死亡日の前日において、死亡月の前々月までの被保険者期間のうち、
保険料の納付済期間と免除期間を合わせた期間が3分の2以上あること

② 死亡日の前日において、死亡日の前々月までの直近1年間の保険料の
滞納がないこと（平成38年3月末以降は①のみの条件となる）

※18　日本の公的年金制度が2階建てだといわれるのは、この理由によります。
※19　社会保険の年収は将来の見込額（通勤交通費などの非課税額や賞与含む）で考え
ます。

137

原則として①②のいずれかが支給要件となりますが、資格喪失後の死亡であっても、老齢基礎年金の受給権者が死亡した時など、該当する場合もあります。

　遺族基礎年金の金額については、下記の表の通りです。

	条件に合う子が3人	条件に合う子が2人	条件に合う子が1人	条件に合う子が0人
パートナーと子	1,303,900円	1,229,100円	1,004,600円	0円
子のみ（1人あたりの額）	1,079,400円（359,800円／人）	1,004,600円（502,300円／人）	780,100円（780,100円／人）	0円

（平成27年度金額）

【遺族厚生年金】

　死亡者が次の①から③のいずれかの条件に該当していた場合、死亡した者によって生計を維持されていたパートナー[20]や子に対して遺族厚生年金が支給されます（父母孫祖父母も対象となりますが、今回は説明を省いています）。遺族厚生年金の受給ができる子のあるパートナー、子[21]は、遺族基礎年金も併せて受けられます。

① 厚生年金の被保険者が死亡したとき、または被保険者期間中の傷病がもとで初診の日から5年以内に死亡したとき（ただし、遺族基礎年金と同様、死亡した者について、保険料納付済期間（保険料免除期間を含む）が国民年金加入期間の3分の2以上あること）。

※ただし平成38年4月1日前の場合は死亡日に65歳未満であれば、死亡月の含する月の前々月までの1年間の保険料を納付しなければならない期間のうちに、保険料の滞納がなければ受けられます。

② 老齢厚生年金の資格期間を満たした者が死亡したとき。

---

[20] 男性である場合は55歳以上
[21] 子が受け取る場合は18歳到達年度の年度末を経過していない者または20歳未満で障害年金の障害等級1・2級の障害者に限ります。

③　1級・2級の障害厚生年金を受けられる者が死亡したとき。

　なお、遺族厚生年金の金額は下記の計算式をもとに計算されます。

$$
\left\{\text{平均標準報酬月額}\times\frac{7.125}{1000}\times\frac{\text{平成15年3月までの}}{\text{被保険者期間の月数}}+\right.
$$
$$
\left.\text{平均標準報酬額}\times\frac{5.481}{1000}\times\frac{\text{平成15年4月以後の}}{\text{被保険者期間の月数}}\right\}\times\frac{3}{4}
$$

　被保険者期間の月数は国民年金の被保険者期間ではなく、あくまで厚生年金の加入者であった期間となりますが、現時点ではその月数が300月（25年）に満たない場合、300月の被保険者期間があったとみなされて計算をすることとなっています。

【中高齢寡婦加算】

　遺族厚生年金の受給者のうち、パートナー（男性）が死亡したときに40歳以上で子のないパートナー（女性）か、40歳時点で遺族厚生年金と遺族基礎年金を受けていたが、子が18歳（障害者の場合は20歳）到達年度の末日（3月31日）に達したため、遺族基礎年金を受給できなくなったパートナー（女性）については、65歳までの間、中高齢寡婦加算が遺族厚生年金に加算して支給されます。

【経過的寡婦加算】

　中高齢寡婦加算の対象者になっている方が65歳になると、それまで支給されていた加算額が打ち切られます。このとき自身（昭和31年4月1日生まれ未満の方に限ります）が老齢基礎年金と遺族厚生年を受けられる場合には、自身の老齢基礎年金の額に加算がされます。

　なお、社会保険のこれらの保障を受けるには納付要件があるため、保険料未納等の期間が多い場合は、もらえない場合もあります。

■パートナー（女性）が死亡した場合

┌─ 子供がいた場合 ─────────────────────────┐

パートナー死亡時遺されたパートナーが

・55歳未満かつ末子が18歳未満

このケースは遺族年金を厚生年金は子が、国民年金はパートナーが受け取ります。

・55歳未満かつ末子が18歳以上

　　　パートナー・子ともに支給はなし

・55歳以上かつ末子が18歳未満

・55歳以上かつ末子が18歳以上

└────────────────────────────────┘

※子に1・2級の障害があるときは18歳を20歳に読み替える。
　原則年収850万円以上の場合は支給対象になりません。

子供がいない場合

パートナー死亡時遺されたパートナーが

・55歳未満であった場合

　　支給なし

・55歳以上であった場合

| 遺族厚生年金（終身） |

パートナー　60歳～
　　死亡時

　　基礎遺族年金は支給になりません。

■ パートナー（男性）が死亡した場合

┌─ 子供がいた場合 ──────────────────────────

末子が18歳到達時遺されたパートナーが
・40歳未満であった場合

※遺されたパートナーが30歳到達前に子の死亡等により遺族基礎年金を受けられなくなった場合は、遺族基礎年金を受けられなくなってから5年で遺族厚生年金はもらえなくなります。

・40歳以上であった場合

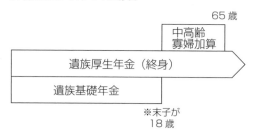

パートナー死亡時点で末子が18歳※以上

遺族厚生年金（終身）

※パートナー死亡時点で遺されたパートナーが40歳以上であれば、併せて65歳まで中高齢寡婦加算がもらえます。

└─────────────────────────────────

※子に1・2級の障害があるときは18歳を20歳に読み替える。
　原則年収850万円以上の場合は支給対象になりません。

子供がいない場合

パートナー死亡時遺されたパートナーが

・30歳未満であった場合

> 遺族厚生年金（5年有期）

・30歳以上40歳未満であった場合

> 遺族厚生年金（終身）

・40歳以上であった場合

> 中高齢寡婦加算（65歳まで）
>
> 遺族厚生年金（終身）

※パートナーに国民年金第1号被保険者期間が一定年数ある場合は、寡婦年金・死亡一時金が併給されることがあります。

パートナーが障害状態になった場合の保障制度

　パートナーが障害となり、障害基礎年金や障害厚生年金を受け取ることになった場合で、生計を維持しているパートナーや子がいた場合は、下記の条件で障害年金額にパートナーや子の加算があります。

【障害年金の加算】

　65歳未満の厚生年金の被保険者または老齢厚生年金の資格期間を満たした者が一定の障害状態（1級・2級）になった場合に、生計を維持していたパートナー（65歳未満）がいる場合は加給年金がプラスされます。金額は平成27年時点では224,500円となっています。

　なお、障害基礎年金（1級・2級）にも該当する場合には、18歳（障害者の場合は20歳）到達年度の末日（3月31日）を経過していない子がいる間、加給年金がプラスされます。

　金額は第2子までは224,500円で、第3子以降は74,800円となります。

【振替加算】

　パートナーが受けている障害厚生年金に加算されている加給年金額の対象者になっている相方のパートナーが65歳になると、それまで支給されていた加給年金額が打ち切られます。このとき65歳になった相方のパートナー（昭和41年4月1日生まれまでの方に限ります）が老齢基礎年金を受けられる場合には、相方のパートナーの老齢基礎年金の額に加算がされます。

パートナーが65歳以上になったときの保障制度

　パートナーが65歳以上になり老齢年金を受け取り始めた場合で、生計を維持されているパートナーや子がいる場合は、下記の条件で老齢年金額にパートナーや子の加算がされます。

【加給年金】

　厚生年金保険の被保険者期間が20年以上あるパートナーが、定額部分支給開始年齢に達した時点（男性は昭和28年4月2日以降、女性は昭和33年4月2日以降に生まれた方は原則65歳）で、その方に生計を維持されている下記の対象者がいる場合に支給されます。

対象者	金　額	年齢制限
配偶者	224,500円	65歳未満に限る[22]
1人目・2人目の子[23]	各　224,500円	18歳到達年度の末日までの間の子
3人目以降	各　74,800円	18歳到達年度の末日までの間の子

　ただし、パートナーが老齢厚生（共済）年金を受けられる人で20年以上（原則）の加入者であった場合や、障害年金を受けられる間は、加給年金額は支給停止されます。

　中高齢の資格期間の短縮の特例を受ける人（昭和26年4月1日以前に生まれた方のみ対象）は20年未満でも対象になることがあります。

【振替加算】

　パートナーが受けている老齢厚生年金に加算されている加給年金額の対象者になっている相方のパートナーが65歳になると、それまで支給されていた加給年金額が打ち切られます。このとき65歳になった相方のパートナー（昭和41年4月1日生まれ未満の方に限ります）が老齢基礎年金を受けられる場合には、相方のパートナーの老齢基礎年金の額に加算がされます。

　なお、社会保険のこれらの保障を受けるには納付要件があるため、保険料未納等の期間が多い場合は、もらえない場合もあります。

---

[22]　大正15年4月2日以降生まれの場合は年齢制限なし
[23]　1級・2級の障害の状態にある子の場合は20歳未満

事実婚・内縁関係編

同性婚編

困った時の相談先

索引

パートナーと事実婚（内縁）関係を解消した場合の保障制度

　パートナーと事実婚（内縁）の関係を解消した場合、パートナー同士の話し合いや審判等の決定により、事実婚（内縁）の期間にかかる厚生年金の標準報酬月額等について、５割を上限として分け合うことができます。

【離婚分割〜合意分割と３号分割】

　事実婚（内縁）関係を解消した場合においても、年金の分割は可能ですが、事実婚（内縁）関係を解消した時点から２年以内に行う必要があります。

　事実婚（内縁）解消時の年金分割は、合意分割と３号分割の２種類となります。

●合意分割（平成19年４月１日以後に事実婚（内縁）解消をした場合）

　以下①から③の条件に該当したとき、当事者の一方からの請求により、事実婚（内縁）期間中の厚生年金記録（標準報酬月額および標準賞与額）をパートナー間で分割することができる制度です。

①　事実婚（内縁）期間中の厚生年金記録（標準報酬月額・標準賞与額）があること。

②　当事者双方の合意または裁判手続により按分割合を定めたこと（合意がまとまらない場合は、当事者の一方の求めにより、裁判所が按分割合を定めることも可能です）。

③　請求期限（原則、内縁解消をした日の翌日から起算して２年以内）を経過していないこと。

　なお、平成19年４月１日前の事実婚（内縁）期間中の厚生年金記録も分割の対象となります。

●３号分割

　平成20年５月１日以降に事実婚（内縁）を解消し、かつ①②の条件に該当しているときに、国民年金の第３号被保険者であった人（社会保険上の扶養に入っていたパートナー）からの請求により、平成20年４月１

146　社会保険の知識

日以後の事実婚（内縁）期間中の3号被保険者期間における相手方の厚生年金記録（標準報酬月額・標準賞与額）を2分の1ずつ、当事者間で分割することができる制度です。

① 事実婚（内縁）期間中に平成20年4月1日以後の国民年金の第3号被保険者期間中の厚生年金記録（標準報酬月額・標準賞与額）があること。

② 請求期限（原則、内縁解消をした日の翌日から起算して2年以内）を経過していないこと。

なお、「3号分割制度」については、パートナー双方の合意等は条件となっていないため、単独で行うことができますが、平成20年4月1日より前の期間に関しては、この制度によらず合意分割制度により割合を決める必要があるため、割合の合意等が必要です。

なお、合意分割の請求が行われた場合、事実婚（内縁）期間中に3号分割の対象となる期間が含まれるときは、合意分割と同時に3号分割の請求があったとみなされるため、別途手続きをする必要はありません。分割される方が障害厚生年金の受給権者で、この分割請求の対象となる期間を年金額の基礎としている場合は、「3号分割」請求は認められません。

3．育児中に利用できる社会保険等の制度

⑴ 雇用保険と事実婚（内縁）

事実婚（内縁）について雇用保険からどんな保障内容があるのかと疑問に思われるかも知れませんが、育児休業給付に関係してきます。

厚生労働省ではここ数年、育児休業をパパも取得する試みを推進しています。

事実婚（内縁）において、子供が生まれた場合、女性は当然に自分の子であると認定されますが、男性の場合は婚姻関係がなければ、女性と同居し

ているからといって自分の子供という扱いにはならず、男性が認知をした時点で非嫡出子という表現で自分の子供であることが公的に証明されることとなります。

育児休業をする場合、公的書類において自分の子供であることが証明できれば、育児休業を取得した期間（原則として子供が1歳までの間）、育児休業給付を受けることができます。

また、事実婚（内縁）であってもパパママ育休制度（お父さんとお母さんが交互に育児休業を取ることにより育児休業給付が1歳2か月まで延長される制度）や支給対象期間の延長制度（保育園に入れない場合など最長1歳6か月まで延長される制度）も利用することが可能です。

⑵　育児休業取得時の社会保険料免除と事実婚（内縁）

育児休業を取得している間は、社会保険料（厚生年金保険・健康保険）が免除となります。この制度についても、⑴と条件は同様で、男性が制度を利用する場合については公的書類によって自分の子供であることを公的に証明する必要があります。法令では原則子供が1歳になるまでとなっていますが、会社に育児休業の延長の制度がある場合は最長3歳になるまでの間、保険料が免除になることがあります。

育児に対しての給付については産前産後休業時の保険料免除や出産手当金などの制度もありますが、パートナー婚が条件ではなく、出産が条件となりますので今回は省略します。

⑶　3歳に満たない子を養育する被保険者等の標準報酬月額の特例と事実婚（内縁）

3歳未満の子供を育てながら働いている場合において、3歳未満の子を養育する厚生年金の被保険者が、3歳未満の子供を育てている期間に短時間勤務や配置転換などにより給料が下がった場合、保険料負担は現在の標準報酬月額に基づき控除されながらも、万が一の場合や老齢時の年金額

148　社会保険の知識

は、子供を育て始める直前の標準報酬月額で計算できるしくみがあります。

　この制度は「育児」が理由で給与が下がることが条件ではなく、3歳未満の子供を育てているときに給与が下がることが条件となっています。

　加えて(1)と同様、男性が制度を利用する場合については公的書類によって自分の子供であることを公的に証明する必要があります。

　届出が原則ですので、しっかりと届出をしておきましょう。

社会保険	【事実婚・内縁関係編】社会保険の知識② 自営業（国民年金・国民健康保険）の場合

【理解しておきたいポイント】
1. それぞれが被保険者 ……………………………………………… P.150
2. 社会保険の保障内容（死亡・障害・老齢時）……………………… P.151
   * パートナーが死亡した場合の保障制度 …………………………… P.152
   * パートナーが障害状態になった場合の保障制度 ………………… P.156
   * パートナーが65歳以上になったときの保障制度 ……………… P.156
   * パートナーと関係解消した場合の保障制度 ……………………… P.156

1. それぞれが被保険者

　自営業の場合、原則国民年金保険と国民健康保険の被保険者となります（1人で事業を行っていても法人を設立している場合は厚生年金と健康保険に加入となるため、会社員の場合を参考にしてください）。

　国民年金や国民健康保険には扶養の制度はないので、自営業のパートナーに生計を維持されているパートナーであっても被保険者として保険料がかかります。

※社会保険制度では事実婚と内縁は同様の判断基準で考えるため、社会保険編では事実婚（内縁）と表現を統一しています。

(1)　**国民年金保険と国民健康保険の加入方法**
①　**国民健康保険は世帯で加入**
　　国民健康保険では、75歳未満の人であれば、0歳の生まれたばかりの

150　社会保険の知識

赤ちゃんであっても被保険者となります。世帯を別々（分離）にしている場合、保険料は別にかかりますが、世帯を同一にしている場合は、性別や理由を問わず世帯ごとで保険料計算をされ、世帯主に請求がかかります。

保険料計算上重要なのは同一世帯か否かという部分であるため、単なる同居人（重婚的内縁関係含む）であろうが事実婚（内縁）関係であろうが、保険料は同一です。

② **国民年金加入者の場合、ともに第1号被保険者として加入**

原則[24]、国民健康保険の場合、基本的に国民年金とセットで加入しているため、国民年金の第1号被保険者となります。事実婚（内縁）で片方のパートナーの生計を維持していたとしても、それぞれ独立して第1号被保険者として加入します。

国民年金第1号被保険者として支払うべき保険料は、平成27年度の場合は15,590円（定額）です。

2．社会保険の保障内容（死亡・障害・老齢時）

(1) 事実婚（内縁）が認められた場合の保障内容

社会保険制度では、事実婚（内縁）であっても、通常の婚姻関係の場合と同じ保障が受けられます。ただし、事実婚（内縁）は実態で判断するため、添付される書証により、慎重に判断をしていくようです。

具体的には、同居年数だけでなく、住民票の続柄や毎年お盆や正月には実家や親せきに挨拶に行っている事実があるなど親族に夫婦同然と認められる状況があったり、友人や職場の同僚に連名で長年にわたり年賀状を出しているなど、社会通念上夫婦として生活を営んでいたと思われるような

---

[24] 例外として、国民健康保険組合に加入している法人に、主たる収入を得ているパートナーがお勤めの場合は国民健康保険にも関わらず、厚生年金に加入しているケースもあります。

状況が必要だということです。

　法的に婚姻関係になることができない重婚的内縁関係であった場合や近親婚などの場合でも遺族への保障が認められている判例[25]もあります。

パートナーが死亡した場合の保障制度

　パートナーが死亡した場合に、生計を維持していたパートナーや子がいる場合に支給されます。原則としてパートナー死亡時に受給権者の年収が850万円未満[26]であることが必要です。

　遺族年金はパートナーのどちらが受け取るかで内容が異なるため、155ページの図も参考にしてください。

【遺族基礎年金】

　国民年金の被保険者（第1・2・3号いずれも可）または老齢基礎年金の資格期間を満たしている下記①②のいずれかの条件に該当するものが死亡したときに、死亡した者によって生計を維持されていた、子のあるパートナーまたは子がある場合に遺族基礎年金が支給されます。

　支給は18歳（障害者の場合は20歳）到達年度の末日（3月31日）を経過していない子がいる間だけであるため、子が全員18歳（障害者の場合は20歳）到達年度の末日（3月31日）を経過してしまえば支給はされません。

①　死亡日の前日において、死亡月の前々月までの被保険者期間のうち、保険料の納付済期間と免除期間を合わせた期間が3分の2以上あること

②　死亡日の前日において、死亡日の前々月までの直近1年間の保険料の滞納がないこと（平成38年3月末以降は①のみの条件となる）

　原則として①②のいずれかが支給要件となりますが、資格喪失後の死亡

---

[25] 「社会保険の知識①」134〜135ページ参照
[26] 社会保険の年収は将来の見込額（通勤交通費などの非課税額や賞与含む）で考えます。

であっても、老齢基礎年金の受給権者が死亡した時など、該当する場合も
あります。

遺族基礎年金の金額については、下記の表の通りです。

	条件に合う子が3人	条件に合う子が2人	条件に合う子が1人	条件に合う子が0人
パートナーと子	1,303,900円	1,229,100円	1,004,600円	0円
子のみ （1人当たりの額）	1,079,400円 （359,800円／人）	1,004,600円 （502,300円／人）	780,100円 （780,100円／人）	0円

（平成27年度金額）

【寡婦年金】

国民年金第1号被保険者（任意加入被保険を含む）として保険料を納め
た期間（免除期間を含む）が25年以上あるパートナー（男性）が亡くなっ
た時に、10年以上継続して事実婚（内縁）関係にあり、生計を維持されてい
たパートナー（女性）に対して60歳から65歳になるまでの間支給されます。
死亡一時金も同時に受けることができる場合はどちらか一方を受給します。

年金額は、パートナー（男性）の第1号被保険者期間（任意加入被保険者
期間を含む）だけで老齢基礎年金の計算方法により計算した額の4分の3
となっています。亡くなったパートナー（男性）が、障害基礎年金の受給権
者であった場合、老齢基礎年金を受けたことがある場合は支給されません。

パートナー（女性）が60～65歳において、繰り上げ支給の老齢基礎年
金を受ける選択をした場合は支給されません。

【死亡一時金】

国民年金第1号被保険者（任意加入被保険者も含む）として保険料を納
めた期間が36月以上[27]あるパートナーが老齢基礎年金・障害基礎年金を

---

[27] 保険料免除期間がある場合、4分の3納付月数は4分の3月、半額納付月数は2
分の1月、4分の1納付月数は4分の1月として計算します。

受けないまま亡くなったときおよび遺族基礎年金を受けることができる人がいない場合に支給されます。名称の通り一時金で、金額は保険料を納めた月数に応じて120,000円～320,000円となっています。そのパートナーと生計を同じく（生計を維持より緩和された要件です）していた、パートナー・子（後続順位で他親族もあり）が受け取れます。

【未支給年金】

　障害年金や障害基礎年金、老齢厚生年金や老齢基礎年金など、すでに受け取っているパートナーが亡くなった場合、亡くなった月までの年金が1か月か2か月分受け取れずに亡くなっているため（年金は2か月に一度経過月分を支給するため）、支給年金となります。年金という名称ですが、一時金です。

　そのパートナーと生計を同じく（生計を維持より緩和された要件です）していた、パートナー・子（後続順位で他親族もあり）が受け取れます。

※死亡一時金および未支給年金について

　受け取れる順位としてはパートナー（配偶者や内縁）のほうが上になりますが、死亡したパートナーの連れ子であった場合で、すでに子が成人している場合は子とパートナーの関係が希薄になっていることも多く、内縁関係は戸籍で立証ができないため先に子に手続きをされてしまい、パートナーと子のどちらが受け取るべきか争いごとになることもあります。年金と異なり、これらの一時金は生計が同じであることを要件にしていて、要件が緩和されていることにも原因があるかと思います。

■自営業（国民年金）のケース

── パートナー(女性)が死亡した場合 ──

- 子供がいた場合

    パートナー | 遺族基礎年金 |
    末子が
    18歳

- 子供がいない場合

    年金を受けることなくパートナーが亡くなったとき

    死亡一時金

    何らかの年金を受けているパートナーが亡くなったとき

    未支給年金

── パートナー(男性)が死亡した場合 ──

- 子供がいた場合

    パートナー | 遺族基礎年金 |
    末子が
    18歳

- 子供がいない場合

    年金を受けることなくパートナーが亡くなったとき

    いずれか選択

    寡婦年金 [　　　　　　　　　　] 60歳以降65歳迄の
    有期年金
    60歳　　　　　　　65歳

    死亡一時金

    何らかの年金を受けているパートナーが亡くなったとき

    未支給年金

事実婚・内縁関係編

同性婚編

困った時の相談先

索引

155

パートナーが障害状態になった場合の保障制度

【障害基礎年金への加算】

　障害基礎年金（１級・２級）にも該当する場合には、18歳（障害者の場合は20歳）到達年度の末日（３月31日）を経過していない子がいる間、加給年金がプラスされます。

　金額は第２子までは224,500円で、第３子以降は74,800円となります（障害基礎年金の加算は子のみで、パートナーを生計維持したことによる加算はありません）。

パートナーが65歳以上になったときの保障制度

　特にありません。

パートナーと関係解消した場合の保障制度

　特にありません。

> **コラム** 国民年金とは
>
> 　国民年金は、20歳以上60歳未満である日本に住んでいる人全員が対象（義務）で、老齢・障害・死亡により「基礎年金」を受けることができます。
>
> 　国民年金には、「第1号被保険者」「第2号被保険者」「第3号被保険者」と3種類があり、どの制度に加入するかにより、保険料の納め方が異なります。
>
> | 第1号被保険者 | 第2号被保険者 | 第3号被保険者 |
> |---|---|---|
> | | | |
> | 自営業者、学生、無職の方など
保険料は月額15,590円（H27年度）
失業中など保険料を支払うことが難しい場合は免除の制度もあります。 | サラリーマン・OL・公務員など
厚生年金の加入者
国民年金としての保険料は負担せず、厚生年金保険料のみ負担します。
※H27年10月より共済返金は厚生年金に統合されました。 | サラリーマンや公務員の妻など
第2号被保険者の被扶養配偶者保険料の負担はありません。
※事実婚（内縁）の場合も対象になります。 |
>
> 　何らかの理由で国民年金を払っていない期間が多い場合は最高70歳まで加入することが可能です。

コラム 厚生年金とは

　会社や学校・官公庁などに勤務する人（主にサラリーマンや公務員）が加入する制度です。

　厚生年金保険に加入している人は、厚生年金保険の制度を通じて同時に国民年金に加入する（第2号被保険者）ため、老齢・障害・死亡により国民年金の給付である「基礎年金（1階部分）に加えて、「厚生年金（2階部分）」を受けることとなります。

　よく日本の公的年金は2階建てと表現をされるのは、このためです。

　公務員の共済年金は平成27年10月に厚生年金と一元化されました。付加給付分は現在、年金払い退職給付と名称を変更し、退職給付の一部となっています。

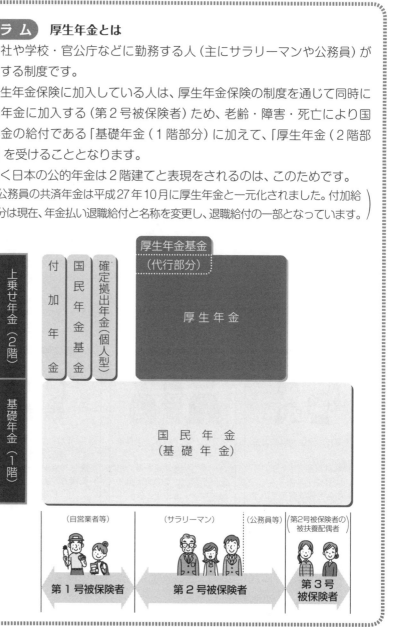

【事実婚・内縁関係編】ライフプランの知識①

ライフプラン 保険の加入

【理解しておきたいポイント】
1. 生命保険の加入 ……………………………………………………… P.159
2. 医療保険の加入 ……………………………………………………… P.164

1. 生命保険の加入

　生命保険の死亡保険金受取人になれる人は、一般的に、配偶者および2親等以内の血族（祖父母、父母、兄弟姉妹、子、孫など）の範囲です。そのため、事実婚で養子縁組をすることでこの範囲に入ることができれば、死亡保険金受取人として指定し、死亡保険金を受け取ることも問題なく可能です。

　けれども、養子縁組をしない場合は、事実婚のパートナーを死亡保険金受取人に指定する形で生命保険に申し込みをしたものの、断られてしまうケースは少なくありません。

　その理由として、赤の他人が保険金受取人になると、保険金詐欺や保険金殺人が起こりやすくなる点が挙げられます。そうしたトラブルを未然に防ぐために、生命保険を掛けられる人と保険金を受け取る人との間の関係について納得のいく理由がない限り、保険の申し込みをしても断る保険会社が多い現状があります。

　事実婚の場合は特に、遺族ではない第三者に生命保険金が支払われることによって、遺族との間にトラブルになりがちです。そのため、以下のよ

うな条件を満たしたケースに限り、保険の申し込みを引き受けるのが一般的です。

【事実婚のパートナーが死亡保険金受取人になれる条件の例】
① 生命保険を掛けるパートナーに戸籍上の配偶者がいないこと
② 2人の関係がちゃんとしたものであるという証明を提示できること
　(例)　保険会社所定の期間以上（3年や5年など）に渡って「夫（未届）」「妻（未届）」で生計を一にしている（同一の生活共同体に属して日常生活の資を共にしている）ことがわかる住民票や、健康保険の扶養に入っていることがわかる書類の提出など

つまり、春江さん（本妻）がいるため、秋江さんを受取人とする生命保険を冬彦さんにかけることは、①の条件を満たしていないため、できないのが一般的です。

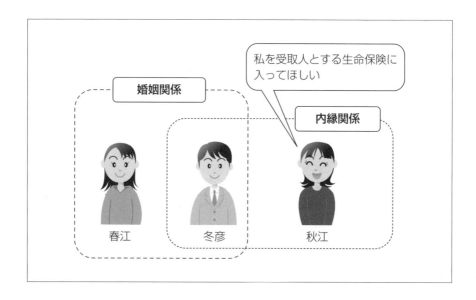

条件を満たしているケースであっても、保険会社が委託している調査員

が、同居などの生活実態の確認のために自宅訪問することもあります。

逆に言えば、こうした条件を満たし、求められる資料を提示して証明ができない限り、生命保険の死亡保険金受取人として事実婚のパートナーを指定することは難しいと言えます。

ただし、最終的に死亡保険金を事実婚のパートナーに渡す方法が、現在では存在しています。それは、遺言で死亡保険金受取人を変更するという方法です。

実務上、生命保険の死亡保険金受取人として指定できるのは、配偶者および2親等以内の血族（祖父母、父母、兄弟姉妹、子、孫など）としている保険会社が大半ですので、保険証券上の死亡保険金受取人は2親等以内の血族に指定する形で生命保険に入り、その上で遺言書を書いて、事実婚のパートナーに死亡保険金受取人を変更するわけです。

なお、このやりかたは、平成20年6月に公布された「保険法」という法律によって認められた方法です。保険金受取人の指定変更が法律的な遺言事項とされたことにより、保険証券に記載されている内容よりも遺言書で指定した内容が優先されることで可能となりました。

したがって、秋江さんと冬彦さんに子供がいないときは、次ページの図にあるように冬彦さんの父母などを受取人とする生命保険に入り、冬彦さんが遺言の中で死亡保険金受取人を秋江さんに変更することは可能です。けれども、父母の理解を十分に得られない場合は、なかなか難しいと考えられます。

秋江さんと冬彦さんに子供が生まれた後の例では、その子供を受取人とする生命保険に入り、遺言書で受取人を変更すれば、秋江さんに生命保険の死亡保険金を遺すことが可能です。

実務上は、このように死亡保険金受取人を事実婚のパートナーに変更する遺言書を作る方法で検討するほうが、死亡保険金受取人自体を事実婚のパートナーにする生命保険に加入することにこだわるよりも現実的かもしれませんので覚えておきましょう。

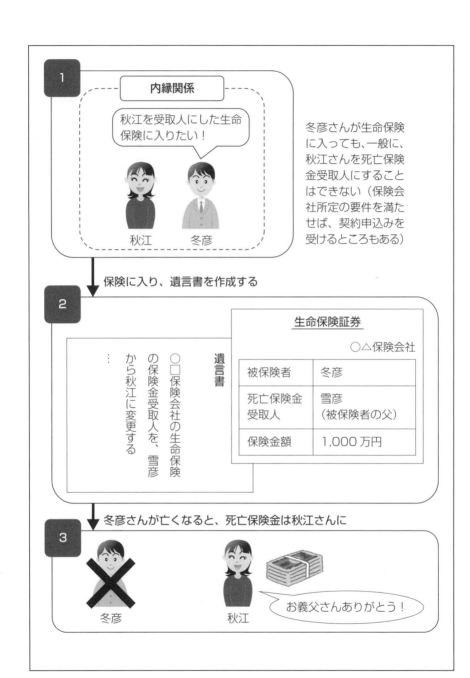

162 ライフプランの知識

■「2親等以内」の範囲（事実婚の場合）

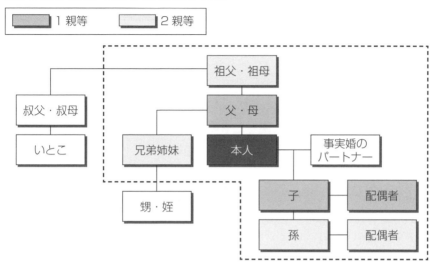

■「2親等以内」の範囲（法律婚の場合）

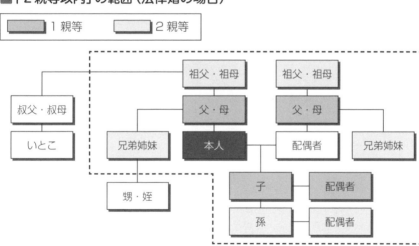

2．医療保険の加入

　病気やけがで入院した際などに受け取る給付金[28]は、被保険者本人[29]から請求することが原則です。なぜなら、被保険者本人の療養のために使うことを目的としたお金だからです。闘病後に被保険者が死亡してしまった場合では、闘病中の給付金は法定相続人へ行く位置づけです。

　また、「脳卒中で倒れて入院したものの、意識がないため、医療保険の請求手続きができない」「がんで入院や手術を受けたものの、がんであることの告知を受けていないため、がん保険の給付金の請求ができない」など、生前でありながらも被保険者本人が給付金の請求ができない特別な事情[30]がある場合には、あらかじめ定めていた指定代理請求人が給付金の請求をすることができます。

　指定代理請求人になれるのは、一般的に、以下の条件に当てはまる人です。

【「指定代理請求人」の範囲の例】

① 　被保険者の戸籍上の配偶者

② 　被保険者の直系血族

③ 　被保険者と同居、または被保険者と生計を一にしている被保険者の３親等内の親族（指定代理請求人が請求を行う場合、請求時においても上記の関係であることが必要）

---

[28] 　入院給付金や手術給付金、高度障害保険金、特定疾病保険金、リビング・ニーズ特約保険金、介護保険金・介護年金など。

[29] 　医療保障の被保険者は、契約者と同一、または配偶者、子、親である場合が一般的。

[30] 　「特別な事情」の例
　　(1)　傷害または疾病により、保険金等を請求する意思表示ができないとき
　　(2)　治療上の都合により、傷病名または余命の告知を受けていないとき
　　(3)　その他(1)または(2)に準じた状態であるとき。

したがって、事実婚で養子縁組をしてこの範囲に入れば、被保険者に代わって給付金を受け取ることは可能です。ただし、養子縁組をしていない場合は、事実婚のパートナーがこの指定代理請求人になれるケースはほとんどないと言えます。

　保険会社によっても条件は微妙に異なっていますが、指定代理請求人として指定できるのは、保険会社各社が定める上記のような条件に当てはまる人であり、上記①には、念入りに「事実婚（内縁）については含まない」旨の"断り書き"があるのが通常です。

　ただし、この"断り書き"がない保険会社で、前述の生命保険の死亡保険金受取人になるための条件を満たすことで、この指定代理請求人となれた事例もあります。そして、いったん、指定代理請求人として定めることができれば、給付金の請求は問題なく可能です。

　逆に言えば、指定代理請求人として定められなければ、事実婚のパートナーが入院時の給付金の請求をすることはまずできない現状があることは覚えておきたいところです。

事実婚・内縁関係編

同性婚編

困った時の相談先　索引

165

【事実婚・内縁関係編】ライフプランの知識②

ライフプラン
住まいの確保と住宅購入

【理解しておきたいポイント】
1. 賃貸住宅の入居について ……………………………………………… P.166
2. 共有名義での住宅購入を検討する際の留意点 ……………………… P.167
3. 夫婦で住宅ローンを担う際の留意点 ………………………………… P.168
4. 1人の名義で住宅ローンを組む際の留意点 ………………………… P.169

1. 賃貸住宅の入居について

　賃貸でいく場合、家を借りる人（契約者）が1人で入居したり、契約者と
その家族が入居するというケースは問題ないとする不動産業者であって
も、契約者と家族以外の人が入居するケースには難色を示すことはよくあ
ります。婚約者との同居や友人同士のルームシェアリング、他人のために
借りる契約等と同じような位置づけで、「事実婚」もリスクが高い契約と考
えられがちだからです。貸主によって判断が異なりますので、不動産業者
をいくつか回ることになる可能性もあります。

　住民票の続柄が「妻（未届）」「夫（未届）」「同居人」となっていれば、公
営住宅への入居はおおむね問題ありません。民間の賃貸住宅の場合は、貸
主によって判断が異なります。

166　ライフプランの知識

２. 共有名義での住宅購入を検討する際の留意点

「家を買いたい」という場合、夫婦がそれぞれの現金だけで住宅購入が完結するのであれば、共有名義で購入して持ち分を登記することは問題なくできます。しかし、住宅ローンを組んでの購入となると話は別です。

たとえば、「頭金は妻が出し、住宅ローンは夫名義で組む」といった形で、事実婚カップルが共有名義で住宅購入したいという希望はよく耳にします。けれども、残念ながら、住宅ローンを組む段階で金融機関が融資を渋る現状があります。

銀行は、住宅ローンを融資する条件として、購入した住宅物件を担保に取り、住宅ローン返済が滞るなど万一の際には担保を処分して残債に充てられるようにしています。共有名義で住宅購入する際には、共有名義人（その担保の持分所有者）が住宅ローンの連帯保証人になることを求めますが、連帯保証人になれる人は２親等以内の家族など銀行所定の親族に限定しています。

そのため、事実婚の相手はこの条件を満たさないために、「頭金は妻が出し、住宅ローンは夫名義で組む」といったかたちで夫が住宅ローンを借りることはできないのが一般的です。

連帯保証人になれる人を身内に限定している理由は、万一の際に担保を処分する際に、第三者では協力が得られにくいという判断からです。よって、事実婚で住宅ローンを組みたいのであれば、どちらか一人だけで頭金とローンを負担する必要があります。

どうしても共有名義にしたい場合は、夫婦どちらかの名義で住宅ローンを組む形で購入し、残りを貯蓄で一括返済できるタイミングで持ち分の譲渡を検討するなどの工夫も必要です。

3. 夫婦で住宅ローンを担う際の留意点

　では、「妻の収入も考慮して夫1人の名義で住宅ローンを組む」「夫婦でそれぞれ住宅ローンを組む」といったケースはどうかというと、銀行では、事実婚の場合はいずれも難しいところがほとんどです。

　「妻の収入も考慮して夫1人の名義で住宅ローンを組む」方法は、いわゆる「収入合算（連帯保証）」と呼ばれるもので、たとえば、夫の年収だけでは希望額まで借りられないケースで、妻の収入の一部を加算して借入可能額を増やすという方法です。この場合、ローン契約者は夫で、夫の収入と妻の収入の一部（50％までとする銀行が主流）の合計で借ります。夫が返済し、妻は夫が返済できなくなった時に返済の義務を負います。

　また、「夫婦でそれぞれ住宅ローンを組む」方法は「ペアローン」と呼ばれるもので、同一金融機関で、夫と妻がそれぞれの名義で住宅ローンを組む方法です。「収入合算（連帯保証）」「ペアローン」のいずれもお互いを連帯保証人とするので、多くの銀行では事実婚では融資を断る現状があります。

　ただし、住宅金融支援機構（旧　住宅金融公庫）と民間金融機関が共同で開発した長期固定金利型の住宅ローンである「フラット35」であれば、「収入合算（連帯債務）」の形で借りることは可能です。ある程度の期間の内縁関係を証明できれば、「収入合算（連帯債務）」であれば、ローン契約者は夫と妻となり、夫の収入および妻の収入（100％）の合計収入で借りることができます。

　この場合、夫が主債務者となり2人分まとめて返済する形をとりますが、住宅ローン控除は2人分受けることができます。

　なお、この場合の妻は、夫の返済能力に関わらず返済の義務を負う位置づけです。

【住宅ローンの借り方（例）】

	ローンの名義	債務負担者	住宅ローン控除 を受けられる人	団体信用生命保 険の保障対象
単独名義で借り入れ	A	A	A	A
ペアローン	A．B	A．B	A．B	A．B
収入合算（連帯保証）	A	A	A	A
収入合算（連帯債務）	A（主債務者）	A．B	A．B	A．B

※「収入合算（連帯債務）」の団体信用生命保険では、主債務者のみが保障対象と
なるのが一般的。住宅金融支援機構の「フラット35」などでは、所定の特約料
を支払うことで夫婦とも保障対象にできる場合もある。

4．1人の名義で住宅ローンを組む際の留意点

　事実婚のどちらかの名義で、1人で頭金を出し、1人で住宅ローン返済
し、返済の実態も1人で担っているのであれば、住宅ローン返済に関して
は法律婚の場合と変わりません。

　けれども、返済の実態としては夫婦で担っているのにも関わらず、登記
上の名義を夫1人にしてとりあえず住宅購入したというような場合は、別
の部分で問題が生じないか慎重な検討が必要です。

　というのは、夫が亡くなった際には、名義は夫となっているため、事実
婚の妻に相続権がないからです。住宅ローンの返済をかなり担っていたに
もかかわらず、他の相続人から家を出ていくように言われかねない危険性
があるわけです。

　事実婚カップルが共有名義で住宅購入する際は、どうしても住宅ローン
の借入れだけに目が行きがちではありますが、遺言書の作成のほか、夫に
お金を貸したという契約書（金銭消費貸借契約書）を作成するなどの生前
対策を講じておくことも重要です。

コラム 「団体信用生命保険」とは

　団体信用生命保険は、住宅ローンを借りた人が亡くなったり高度障害になった場合に、保険会社が保険金を金融機関に支払い、住宅ローンの残債を完済するしくみの生命保険です。住宅ローン債務者にかける生命保険ですが、一般の生命保険と異なり、保険金受取人は住宅ローン債権者の遺族等でなく金融機関になっています。

　団体信用生命保険に入っていると、住宅ローン債務者にもしものことがあった場合に、遺族に家は残りますが、住宅ローンは残らないメリットがあります。通常の借金であれば、本人が亡くなると、その借金は遺族に相続されます。もしも、団体信用生命保険に入らずに住宅ローンを抱え、住宅ローン返済者が亡くなると、遺族が住宅ローンを返済できなければ家を手放すことになり（住むところがなくなる上に）、手放した家を競売などにかけても返済しきれず残った住宅ローン残債を遺族等は返済し続けるというケースもあり得ます。

　こうしたトラブルを避けるため、銀行の住宅ローンの場合は、団体信用生命保険に入れない人は融資してもらえないのが通常です。

　ただし、「フラット35」（168ページ参照）の場合は、団体信用生命保険へ加入できない場合でも融資対象になります。

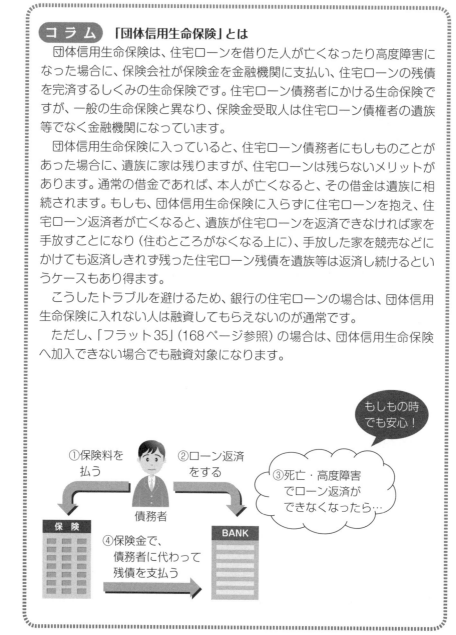

【事実婚・内縁関係編】ライフプランの知識③

ライフプラン

介護が気になったら

事実婚・内縁関係編

同性婚編

困った時の相談先

索引

【理解しておきたいポイント】

1. 介護の義務の有無について ……………………………………………… P.171
2. 介護施設・医療機関利用時の留意点 ……………………………… P.172
3. 介護保険サービスの利用について ……………………………… P.173
4. 「医療費控除」活用上の留意点 ………………………………… P.174
5. 「成年後見制度」利用上の留意点 ……………………………… P.174
6. 勤務先の介護休業制度について ………………………………… P.175

1.介護の義務の有無について

結婚をすると、通常、以下の人間関係で介護問題が起こりえます。

① 事実婚のパートナー

② 事実婚のパートナーの親

③ 自分自身の親

事実婚を選ぶカップルの理由の一つに、「相手の親の介護を担いたくないから」といった理由をよく耳にしますが、実際のところはどうでしょうか。

そもそも、親の介護義務というのは、すなわち扶養義務のことです。民法877条の定めによると、扶養義務があるのは直系血族および兄弟姉妹とあります。

171

> 民法877条 直系血族及び兄弟姉妹は、互いに扶養をする義務がある。
> 2 家庭裁判所は、特別の事情があるときは、前項に規定する場合のほか、三親等内の親族間においても扶養の義務を負わせることができる。
> 3 前項の規定による審判があった後事情に変更を生じたときは、家庭裁判所は、その審判を取り消すことができる。

　したがって、法律上は、事実婚であるかを問わず、相手の両親の扶養義務はありません。慣習上は、法律婚上の妻であれば介護を担うのが当然といった風潮が強いですが、事実婚であればそこまでは求められにくいという現状は確かにあるようです。

　とはいえ、事実婚であっても相手の親の介護を担う妻もいます。結局のところ、法律婚でも事実婚でも、相手の親の介護をどうするかは夫婦の考え方によります。実際に介護が始まってからでは押し付け合いや意見のぶつかりは避けにくいので、事実婚か法律婚かを問わず、平時の時に夫婦間ですり合わせをしておくことは重要です。

　以下では、「①事実婚のパートナー」が要介護状態になった際の手続きについて解説します。

2. 介護施設・医療機関利用時の留意点

　事実婚をしても、相手が元気でいる間は、特に不自由を感じることなく生活を送ることができるのが通常です。けれども、相手（事実婚のパートナー）が医療機関のお世話になったり介護施設の利用を検討する際に、大きな壁を感じる人は少なくありません。

　たとえば、介護施設へ入って介護を受けようと思っても、その際に必要となる保証人には、事実婚では認められないところが大半です。

　たとえ、保証人の問題をクリアできたとしても、制限があります。たとえば、夫婦そろって同じ介護施設に入ってそばで暮らしたいという場合、

法律婚であれば問題なく受け入れる施設であったとしても、事実婚カップルの入居については申し込みを断られるのが一般的です。

　また、介護が必要な状態では医療機関のお世話になることもよくあるわけですが、入院・手術の際に求められる同意書への署名も、医療機関によっては、事実婚のパートナーのものは受け付けないところもまだまだ多い現状があります。

　一刻を争う事態もありえるので、事実婚のパートナーの身体が弱った事態に備えて、実親や親戚に、平時の時に前もって頼んでおくことはことのほか重要です。

3. 介護保険サービスの利用について

　介護が始まると、家族だけで介護を担うのは難しいため、公的な介護保険サービスの活用は必須だと言われています。介護保険サービスを使うと、介護に関わる各種のサービスを、1割の自己負担で利用できます。

　介護保険サービスを利用できるのは、65歳以上で日常生活を送るために介護や支援が必要な人（介護保険の第1号被保険者）と、40歳から64歳までの医療保険に加入していて加齢に伴う病気（特定疾病）が原因で日常生活を送るために介護や支援が必要な人（第2号被保険者）です。介護が必要となった人が、第1号被保険者もしくは第2号被保険者で介護保険料を滞納し続けていなければ、介護保険サービスを利用することができます。

　ただし、介護保険サービスは、市区町村が要介護状態等にあると認定して初めて利用できるしくみです。そのため、介護が始まったら、市区町村に要介護認定を申請する必要があります。

　このときの申請は、本人または家族のほかに地域包括支援センター、ケアマネジャーや介護施設等に代行してもらうことも可能とされていますので、事実婚の場合は、本人に申請してもらうか市区町村の介護保険窓口に相談すれば、何らかの形で要介護認定の申請をすることはできます。

4.「医療費控除」活用上の留意点

　介護は、いつまで続くか、また、いくらお金がかかるのかといった先が見えないことが、精神的にも経済的にも大きな負担になります。そこで、少しでも経済的負担を軽くするしくみとして、法律婚であれば、医療機関での医療費や公的介護保険の自己負担分について確定申告で「医療費控除」を受けられるメリットがあります。

　たとえば、介護施設に6か月入所して月々15万円かかり（合計90万円）、6か月間入院して月額9万円がかかったというケースでは（合計54万円）、税率が10万円の夫で医療費控除を受けたとすると、ざっくりとした単純計算で、13.4万円{＝（90万円＋54万円－基礎控除10万円）×税率10％}の所得税の還付が受けられる計算です。

　けれども、税法では民法上の関係をもとに配偶者とします。つまり、事実婚の場合は、妻の医療費や介護費用に関して、夫の医療費控除で負担軽減を受けることはできない点に注意が必要です。

5.「成年後見制度」利用上の留意点

　介護が始まったときには、成年後見制度の利用も視野に入れておきたいところです。成年後見制度とは、精神上の障害によって判断能力（売買や贈与等をする際に、その行為が自分に有利なのか不利なのか、適正か不適正か等を考えるのに必要な精神能力）が不十分な場合（認知症高齢者など）に、本人を法律的に保護し支えるための制度です。

　判断能力がない状態で契約を結ぶと本人にとって不利益な結果を招くおそれがあるため、家庭裁判所が本人に対する援助者を選び、その援助者が本人のために活動する制度といえます。

　さて、事実婚の場合に留意しておきたいのは、この制度を利用するために必要な「後見の申立て」についてです。家庭裁判所にこの申立てができ

るのは基本的に4親等までの親族なので、事実婚のパートナーでは制度の
活用は難しい現状がある点に留意が必要です。制度の利用の際には、他の
親戚などの理解と協力が必要になる点は覚えておきましょう。

6. 勤務先の介護休業制度について

　事実婚のパートナーなどの介護のために勤務先を休むという場合、会社
員であれば、男女を問わず、育児・介護休業法による介護休業制度を利用
することができます。これは法律婚に限らず事実婚であったとしても利用
可能な制度で、要介護状態にある家族を介護するために合計93日を上限
として休業できます。この制度は、対象家族が以下の場合に利用できます。

> **[対象家族]**
> ・配偶者（事実婚を含む。以下同じ）
> ・父母、子、配偶者の父母
> ・同居し、かつ、扶養している祖父母、兄弟姉妹及び孫

　配偶者には"事実婚も含む"ため、事実婚の相手の介護のための休業は
認められています。この対象家族が、負傷、疾病または身体上・精神上の
障害により、2週間以上の期間にわたり常時介護を要する状態にある場合、
対象家族一人につき、要介護状態に至るごとに1回、通算して93日介護休
業を取得することができます（詳細は厚生労働省「育児・介護休業法につ
いて」http://www.mhlw.go.jp/topics/2009/07/tp0701-1.html）。

　ちなみに、「③事実婚のパートナーの親」の介護を担う場合は、上記の介
護休業の対象家族について"以下同じ"とあるため、事実婚の相手の父母
の介護のための休業の場合も、介護休業の対象になると考えられます。

同性婚編

ライフプラン上のポイント
法律の知識
税務の知識
社会保険の知識
ライフプランの知識

「好きな人とずっと一緒にいたい」という想いを持つことはごく自然なことですが、それが、同性同士のカップルでという場合、今日の日本の社会では様々な壁にぶつかります。

　たとえば、同性パートナーが入院したときは、入院・手術時に必要となる同意書への記入が身内に限られていることが多く、同性パートナーである自分がサインしても認めてもらえないケースはよくあります。その結果、対応が遅れて命に関わる事態になる可能性もありえます。
　下手をすると、身内の人達にお見舞いに行くことを断られるケースもあるようです。お互いに健康でいる間は大丈夫でも、何かあったときが心配です。
　とはいえ、前もって備えておくことで、将来的なトラブルに備える手段はないわけではありません。以下では、同性婚カップルのライフプラン上の視点から、理解しておくべきポイントを紹介します。

【同性婚編】ライフプラン上のポイント①
同性婚のスタート

「この人とずっと一緒に生きていく」と決めたとき、普段の生活には支障がなくても、経済的な視点等から同性婚のパートナーを守るために、「養子縁組」を検討するのも一つの方法です。養子縁組をすれば、"身内"の扱いになるため、「2人で一緒に暮らす家を買いたい」「介護が始まったときに老人ホームへ入る際の保証人になる」という場合にも、障壁を感じずに希望をかなえることができます。同性婚で暮らしていくにあたっては、以下の知識を確認しておきましょう。

なお、生命保険に関しては、同性パートナーを2015年11月4日より死亡保険金の受取人に指定できる保険会社が複数社登場しています。

一定期間同居していることに加え、その他のいくつかの条件を満たすことができれば、保険契約を結べる可能性があります。

■「同性婚」に関し特に理解しておきたい法律知識
- □「同性婚」とは ……………………………………………… P.184
- □ 養子縁組による効果と手続き（法律）…………………… P.190
- □「準婚契約書」とは ………………………………………… P.199
- □ 性同一性障害とは ………………………………………… P.206
- □ 所得税の取扱い …………………………………………… P.211
- □ 会社員の社会保険（厚生年金・健康保険）……………… P.225
- □ 自営業の社会保険（国民年金・国民健康保険）………… P.236

【同性婚編】ライフプラン上のポイント②
子供を育てることになったら

　同性カップルで暮らしていて、「子供を育てたい」という想いを抱く人は少なくないようです。とはいえ、社会的にも法的にも、日本で同性カップルが子供を育てることに高いハードルがある現状に変わりはありません。

　同性カップルが子供を育てるケースとしては、主に以下のような形が考えられます。

　① カップルの一方が親となる子供が生まれた場合
　② 他の理由などで自らの子供を育てる場合
　③ 血縁のない子供を育てる場合

　子供に着目すると、「③　血縁のない子供を育てる場合」について、社会的、法的、物的な支援が得られない事態を避けるために、養子縁組を検討するのも一つの方法です。現在の日本の法律では、夫婦でなくても一人だけで養子をとることができます（普通養子縁組の場合）。

　法律・税務・社会保険で特に理解しておきたいポイントの詳細や、①②の同性カップルで認知が必要な場合は、以下の各ページをご覧ください。

■「子供を育てることになったら」特に理解しておきたい知識
□子供に関すること（法律） ……………………………………………… P.203
□育児中に利用できる社会保険等の制度 ………………………………… P.234

【同性婚編】ライフプラン上のポイント③
住まいの確保と住宅購入

　同性カップルで好きな人と一緒に暮らしたいと思っても、2人の希望の物件を探すのは思ったより難しいとの声を耳にします。

　たとえ2人の関係が対等であっても、2人で借りるのではなく、やむなく、1人の名義で借りて同居する人も……。

　では、住宅購入なら2人で対等に買えるかといえば、それも難しい現状があります。

　ライフプラン上・税務上の留意点の詳細は、以下の各ページをご覧ください。

■住まいの確保に関し特に理解しておきたい知識
□住宅取得資金の贈与の特例 ……………………………………………… P.214
□賃貸住宅を借りにくい現状 ……………………………………………… P.244
□住宅購入時の名義と財産トラブル ……………………………………… P.244

【同性婚編】ライフプラン上のポイント④
介護の話が出てきたら

同性パートナーとの暮らしで「介護」の話が出てくるパターンには、
① 自分自身の親の介護
② 同性パートナーの介護
の主に2つがあります。

①親の介護は、同性カップルとの暮らしに決着を求めてくることもあり、今後の2人のあり方を改めて考えるきっかけになることも。

その結果、2人で添い遂げることを前向きに考える場合には、留意しておくべきことがいくつかあります。詳細は、以下の各ページをご覧ください。

■介護が気になった際に特に理解しておきたい知識
- □「準婚契約書」とは（任意後見契約について） ……………………… P.205
- □パートナーが障害状態になった場合の保障制度 ……………………… P.233
- □介護の話が出てきたら ……………………………………………… P.246
- <↓以下は養子縁組をした場合>
- □介護施設・医療機関利用時の留意点 ………………………………… P.172
- □介護保険サービスの利用について …………………………………… P.173
- □「医療費控除」活用上の留意点 ……………………………………… P.174
- □「成年後見制度」利用上の留意点 …………………………………… P.174

【同性婚編】ライフプラン上のポイント⑤
同性パートナーの死亡と相続

　同性パートナーとの別れはとてもつらいことです。ただ、そこに「お金」がからむとゴタゴタに巻き込まれかねないので注意が必要です。

　たとえば、2人で費用を負担し合ってマンションを買ったという場合、244ページのように、どちらか1人の名義にする形でなければ住宅ローンを組んで購入しづらい現状があります。そのため、同額ずつ費用を負担していたとしても、一方は、所有権を持ち、住宅ローン控除を受けることができるのに対し、もう一方は、所有権はなく、住宅ローン控除も受けられず、所有権を持つ側が亡くなってしまった際にはマンションが相続人のものになって部屋を追い出されかねない懸念もあります。

　対処方法として、遺言を作っておくことは当然のこと、所有権を持つ側の養子になっておくとスムーズにマンションなどの財産を同性パートナーに遺すことが可能です。養子縁組の仕方については、「**法律知識編②**」（190ページ）をご覧ください。

■「パートナーの死亡と相続」の際に特に理解しておきたい知識
- □「準婚契約書」とは（相続・遺言書の作成について） ……… P.203、205
- □相続税上の取扱い ……………………………………………………… P.217
- □社会保険の保障内容（死亡・障害・老齢時） ……………………… P.228

法律	【同性婚編】法律の知識①
	同性婚とは

【理解しておきたいポイント】

1. 「同性婚」とは ……………………………………………………… P.184
2. 異性間の結びつきを保護する４つのしくみ ………………………… P.185
3. 我が国における同性婚の状況 ……………………………………… P.186
4. 同性婚と養子縁組 …………………………………………………… P.187
5. 「(準) 婚姻契約」の効果 …………………………………………… P.189

1.「同性婚」とは

⑴ 「同性婚」の定義

　同性婚とは、文字どおり、「男－男」「女－女」という同性同士での結婚を指す言葉です。これまで、「結婚」といえば異性婚、すなわち「男－女」の間の婚姻関係を指すことが通常でした。しかし、そもそも、人間は誰もが必ず異性愛者であるとは限りません。女性同性愛者（レズビアン）、男性同性愛者（ゲイ）、両性愛者（バイセクシャル）、性転換者や異装愛者など（トランスジェンダー）、といった人々（最近では、これらの頭文字をとってLGBTと呼ばれることが多くなりました。また、「男」「女」というはっきりしたカテゴリーにあてはまらない「インターセックス」や、性欲・恋愛感情などが無いかごく薄い「アセクシュアル」、性的指向が決まらない・分からない「クエスチョナー（クエスチョニング）」といった様々な人がいますが、本書では主に同性愛・同性婚を扱います）の存在は昔から認識されていましたが、このような人々は歴史的、文化的、社会的に性的マイノリティ

184　法律の知識

（少数者）であり、十分な権利を認められませんでした（むしろ、「不道徳」なものとすらされてきました）。「結婚」とは異性間の結びつきを社会的に認めるための制度であり、同性間の結びつきとは無縁のものという考え方が一般的だったのです。

(2)　日本国憲法では……

　1946年に公布された日本国憲法24条1項も、「婚姻は、両性の合意のみに基づいて成立し、夫婦が同等の権利を有することを基礎として……」となっています。「両性」「夫婦」という単語から、婚姻という制度はあくまで「男－女」の結びつきを前提とするものと考えられていたことが分かります。民法でも、婚姻が男女間に限られるという明文の規定はありませんが、婚姻の効力等の条文で「夫婦」という単語を用いているので、婚姻は男女関係を前提としたものと受け止められています。

2．異性間の結びつきを保護する４つのしくみ

① 　しかし、近年、性的マイノリティに対する社会的認知が進むにつれ、このような固定的な観念は徐々にではありますが変わりつつあり、ヨーロッパでは、1980年代以降、すでに多くの国が同性間のパートナーシップに関する法制度を整備しています。アメリカでは、婚姻制度は各州の法律によって定められており、宗教的、政治的な主張が絡んで各地で激しく同性婚の可否が争われてきましたが、ついに、2015年6月26日、連邦最高裁が、5対4の僅差で「同性婚は憲法上の権利であり、禁止することは憲法違反」という歴史的判決を下しました。

② 　同性間の結びつきを異性間の結びつき、つまり「婚姻」と同様に扱うための法制度としては、今のところ、次の4つの仕組みがあるとされており、複数の制度を並行して採用している国もあります。

ⓐ 内縁・事実婚としての保護

　　男女間の内縁や事実婚と同様の法的保護を同性カップルにも認める法律を作るという方法です。

ⓑ パートナーシップ契約

　　同性カップルの当事者同士が契約を締結し、これを公的に登録することにより一定の法的効果を発生させるものですが、いわゆる身分登録とはならないものを指します。

ⓒ 登録パートナーシップ

　　男女間の婚姻と並行する制度として、同性カップルの登録制度を設け、身分登録にも反映させるものです。

ⓓ 婚　姻

　　端的に異性間だけでなく同性間の婚姻も認めるものですが、強い宗教的反発を受けることも少なくなく、大きな議論を呼ぶ制度でもあるのが現状です。

3．我が国における同性婚の状況

　では、我が国における同性婚の状況はどのようなものでしょうか。憲法24条1項が異性間の婚姻を前提とした規定として作られたことは前述の通りですが、この規定の解釈には、「憲法は異性婚のみを認める趣旨であり、同性婚を認めるためには憲法改正が必要」という考え方と「制定当時、憲法は異性婚のみを前提として作られたが、同性婚を禁止する趣旨ではないので、憲法改正をしなくても法律を制定して同性婚を認めることは可能」という考え方があります。現在の憲法学説では後者の考え方が有力と言われていますが、残念ながら、これまで我が国には、同性間のカップルを正面から法的に位置づけ、異性間のカップル（婚姻）と同等の、あるいはそれに近い形での法的保護を受けられるような1～2のような制度はありませんでした。

　ところが、平成27年3月31日、東京都渋谷区において、「渋谷区男女平

等及び多様性を尊重する社会を推進する条例」(同性パートナー条例)が成立し、同年4月1日から施行されるに至りました(平成27年11月5日から証明書交付開始)。この条例は「男女の婚姻関係と異ならない程度の実質を備える戸籍上の性別が同一である二者間の社会生活関係」を「パートナーシップ」と定義し、相互の任意後見契約その他必要な事項の契約を公正証書で締結したパートナーに対しては区長が「パートナーシップ証明」を行い、区民や事業者がこのパートナーシップ証明を「最大限配慮しなければならない」とするものです。これは2の②ⓑの制度に近いものといえるでしょう。公正証書の作成など、当事者の手続きや費用の負担が重いこと、証明が実際にどこまで配慮されるか不透明であること、あくまで「配慮」に過ぎず法的な拘束力はまったくないこと、区単位の条例にすぎないことなど課題も少なくありませんが、一つの大きな第一歩と評価すべきでしょう。これに続き、世田谷区でも、同性カップルがパートナーシップ宣誓書を提出し、区長がその受領を証明する書類を発行するという仕組みを平成27年11月から取り入れるとのことです。他の自治体でも類似の制度を検討しているところも出てきたようです。しかし、全国的な法制度の整備に至る道はまだまだ遠いと言わざるを得ないようです。

4. 同性婚と養子縁組

(1) 養子縁組の効果

上記の制度も法的な拘束力はないので、現在のところ、同性カップルに対する法的な保護は「ほとんど」ありません。本書で取り上げている内縁関係ないし事実婚としての法的保護も、同性カップルには認められていないことがほとんどです。

そこで、同性カップルの人々は、既存の法制度を様々な形で活用することにより、少しでも同性カップルの法的権利を守る工夫をしてきました。たとえば、「養子縁組」という法的な手続きを利用する方法がその典型的な

例です。そもそも、養子とは、自然血縁による親子関係のない者の間に法的に親子関係を作り出すという制度であり、夫婦関係を作り出すための婚姻とはまったく性質が異なります。しかし、養子縁組をすれば同性カップル間の「親族関係」は作り出すことができます。

民法では、一定の人的範囲にある者、具体的には「親等」という単位で数えて6親等以内の血族、配偶者および3親等以内の姻族を「親族」と呼んでいます(民法725条)。「親等」の数え方は、直系親族の間では相互の世代数(親と子は1親等、祖父母と孫は2親等)、傍系親族の間では同一の始祖に遡って世代数を数えるので、兄弟は兄から父母→弟と数えて2親等、従兄弟は自分から父母→祖父母→叔(伯)父母→従兄弟と数えて4親等となります(民法726条)(132ページ参照)。また、「血族」は自然的な血縁関係にある者及び法律上血縁関係があるとみなされる者を、「姻族」は配偶者の血族を、それぞれ指す言葉です。つまり、配偶者は当然に「親族」に含まれるのですが、養子縁組でも血族間と同じ親族関係が発生すると定められているので(民法727条。これを特に「法定血族」とも呼びます)、養子縁組を利用することにより、配偶者同士の同居、協力、扶助の義務(民法752条)(24ページ参照)ほど強くはありませんが、直系血族及び同居の親族間の扶け合いの義務(民法730条)といった法的な効果を発生させることができるのです。

(2) 養子縁組の2つの手法

同性カップル間における養子縁組の利用の仕方には、大きく2つの方法があるとされています。1つは、同性カップル同士が直接養子縁組をする方法です。この場合、年長者を養子とすることは禁止されていますので(民法793条)、どちらが養親に、どちらが養子になるかは年齢によって自動的に決めざるを得ないことになります。この場合、同性カップルの2人の法的な関係は、あくまで「親子」です。これに対し、同性カップルの一方の親の理解と協力を得て、同性カップルの1人が相手の親と養子縁組するケースもあります。この場合、同性カップルの2人の法的な関係は、「兄弟姉妹」

ということになります。当事者はあくまで「男女間の夫婦」と同様の「婚姻」ないしそれと同等の「パートナー」と考えていても、法的には「親子」や「兄弟姉妹」として扱われるという点が重要です。本書では、前者を「親子型」、後者を「兄弟型」の養子縁組と呼ぶことにします。

5.「(準) 婚姻契約」の効果

　養子縁組以外に考えられる方法としては、当事者間で「(準) 婚姻契約」といった契約を交わすことも考えられます。これは自由度も高く、同性カップル間の話し合い次第でいろいろな項目を盛り込むことが可能です。しかし、こうした契約はあくまでその契約を結んだ同性カップル当事者2人だけの間でしか効果を持ちません。したがって、第三者に対して、「私たちは契約により夫婦と同じ関係にあります」と主張しても、第三者に理解してもらえなければそれまでです。また、相続などの法律上の身分関係が重要な場面では、このような契約は残念ながらあまり意味がありません。契約と別に遺言書を作成しておくなど、法的な形式を整えてカバーしていくことも必要になります。

　先にも述べた通り、同性カップルには、男女のカップルに認められるような実態に応じた内縁や事実婚のような法的保護も認められていません。先に述べたように、ヨーロッパ諸国では同性婚ないしそれに準ずる制度の整備が急速に進み、アメリカでも歴史的な動きがありました。今後、我が国でも本格的な法整備が進むことが望まれますが、現時点では現時点での法制度を最大限活用するよりほかないと言わざるを得ません。したがって、養子縁組にせよ、(準) 婚姻契約にせよ、遺言にせよ、様々な形でできる限り事前に形式を整え、配慮しておくことがパートナーシップを守るために必要不可欠です。本書では、具体的にその方法や注意点などを説明していきますが、近い将来、同性婚が異性婚と同じように扱われ、本書の説明がまったく不要になる時代が来ることを期待したいものです。

法律	【同性婚編】法律の知識②
	養子縁組による効果と手続き

【理解しておきたいポイント】

1. 養子縁組の手続きは？ ……………………………………… P.190
2. 養子縁組をすると苗字はどうなるか？ …………………… P.191
3. 養子縁組をすると戸籍はどうなるか？ …………………… P.191
4. 養子縁組をした後に、元の戸籍はどうなるか？ ………… P.192
5. 養子縁組をしたことの効果は？ …………………………… P.192
6. 養子縁組を解消する場合にはどうするか？ ……………… P.193
7. 「同性パートナーの養子縁組」は有効か？ ……………… P.193

1. 養子縁組の手続きは？

　養子縁組の手続き自体は非常に簡単です。「養子縁組届」という用紙を役所（市区町村役場）でもらってきて、パートナーそれぞれと証人２名が署名押印し、住所、本籍などの必要事項を記入して戸籍謄本などの必要書類を添えて役所に提出すれば「届出」は完了し、養子縁組が成立します。

　届出をするまでは養子縁組は成立せず、何の効果も発生しないので注意が必要です。

　届け出先は、養親、養子のどちらかの本籍地、住所地、所在地の役所でかまいません。

２．養子縁組をすると苗字はどうなるか？

　婚姻の場合、夫婦は夫の苗字（と一般に言われますが、正確には「氏」）にするか妻の苗字にするかを選ぶことができますが、養子縁組の場合、養親となる人の苗字に合わせることになります（民法810条）。

　「兄弟型」の養子縁組では、どちらの親に協力を得るかによって苗字を選ぶことも可能ですが、「親子型」の養子縁組では、前述のとおり、年齢差によって自動的に養親・養子の関係が決まってしまうので、苗字を選ぶ余地はないことになります。

３．養子縁組をすると戸籍はどうなるか？

　養子縁組をした場合、双方の戸籍がどうなるかを気にする人も多いと思います。これには、養親の戸籍に養子が入る場合（戸籍法18条３項）と、養親を筆頭者とする新しい戸籍を編製してそこに養子が入る場合（戸籍法17条）とがあります。

　現在の戸籍で「三代戸籍」（「祖父母－父母－子」が一緒に入っている戸籍）を作ることはできません。そのため、縁組前の段階で、養親となる人がその人の親を筆頭者とする戸籍に入っている場合には、まずその人を筆頭者とする新しい戸籍を作り、そこに養子となる人が入ります。

　「親子型」の養子縁組の場合には同性パートナーが同じ戸籍に入ることは簡単ですが、「兄弟型」の養子縁組の場合、同性パートナーの一方と協力を得る親の戸籍がどうなっているかによって複雑な手続きが必要になることも考えられます。「同じ戸籍に入る」ことを重視したい場合には、あらかじめよく検討することが必要です。

４．養子縁組をした後に、元の戸籍はどうなるか？

養親にとっては、養子が自分の戸籍に入ってくる場合、元の戸籍に特に変わりはありません。もし、養子縁組を解消した場合にも離縁によって養子が戸籍から抜けるだけです。これに対し、養子縁組をするときに新しい戸籍を作る場合には、元の戸籍（養親の親を筆頭者とする戸籍）から抜けて新戸籍を編製することになります（戸籍法17条）。

養子となる人は、これまで入っていた戸籍から除籍されることになります。もし養子縁組を解消した場合、養子縁組前の苗字（氏）に戻して元の戸籍に戻ることもできますが、新しく自分を筆頭者とする戸籍を作ることもできます。

もっとも、養子縁組の解消時に元の戸籍がなくなって（除籍されて）しまっている場合、戻ることはできないので、新しい戸籍を作るしかありません。

養子縁組中の氏を使い続けることも可能ですが、婚姻の場合のいわゆる「婚氏続用（続称）」と異なり、７年以上養子縁組が続いていたことが必要です（戸籍法19条１項、同３項、民法816条２項）。

５．養子縁組をしたことの効果は？

前述した通り、養子縁組は、法律上あくまで「親子関係」を作り出すものですので、法律上の夫婦と同じ扱いは受けられません。たとえば、同居・協力・扶助の義務とか貞操を守る義務、婚姻費用の分担義務といったものは法律上当然には出てきません。どちらかが亡くなった場合に、他方が当然に第一順位の相続人になるというものでもありません（民法890条参照）。離婚する際の財産分与請求権（民法768条１項）なども同様です。

また、同性パートナー間の養子縁組は、基本的に双方が成年であることが前提ですので、親子特有の親権とか監護権といった問題も起きません。

もちろん、法律上の親子であることで社会生活上各種の手続きが便利に行えるといったメリットはありますし、法的にも親子としての相続権（民法887条1項、889条1項1号）や親族間の扶助義務（民法730条）が発生するという効果があります。

また、税務上（211ページ参照）、各種社会保険の手続き上（225ページ参照）などの効果も得られます。しかし、あくまで婚姻とは異なる仕組みを利用しているのだということの理解が必要です。別途、契約や遺言によって手当をすることも検討しましょう。

6. 養子縁組を解消する場合にはどうするか？

何度か出てきましたが、婚姻を解消するのが「離婚」であるのと同様、養子縁組を解消することを「離縁」といいます。

離縁には、協議により離縁届を役所に提出して行う協議離縁、協議がまとまらないときに家庭裁判所に離縁の調停を申し立て、調停によって離縁する調停離縁がありますが、それでもまとまらない場合は、民法814条1項の規定により訴訟で離縁することになります。

協議で円満に離縁する場合はともかく、協議がまとまらない場合は弁護士などの専門家に相談したほうがよいでしょう。

7.「同性パートナーの養子縁組」は有効か？

(1) 「養子縁組をする意思」で判断

養子縁組とは、先ほどご説明した通り、法律上の親子関係を作り出すことを目的とした身分行為です。婚姻は、戸籍法という法律の定める手続きによって婚姻の届出をすることによって効力を生じ（民法739条）、養子縁組もこの規定を準用し（民法799条）、届出を必要としています。したがって、届出がなければ養子縁組は成立しません。

ところで、ここで検討しておかなければならないのは、「そもそも同性婚の方法として養子縁組を利用することが理論上認められるのだろうか？」という点です。このように問われたとき、どのような答えがありうるでしょうか。「民法の条文には、届出をすれば養子縁組が効力を生じると書いてあるのだから、届出さえすればいいのではないですか。」という答えも考えられますが、問題はそう単純ではありません。

　法律上一般的に、「売った・買った」の売買契約でも何でも、内心的な「意思」と、それを外部に現す「表示」という行為がワンセットで考えられています。そのため、「売るつもりがない（＝意思がない）のに、軽い冗談で「売ります」と言ってしまった（＝表示がなされた）ところ相手が本気にした」といった場合には、「心裡留保」といって、相手方が本当は売るつもりがないことを知っていたか、知ることができた場合には無効となります（民法93条）。

　婚姻や養子縁組の場合も同様に、ただ単に届出さえあればよいわけではなく、「結婚しよう」「養子縁組をしよう」という内心の「意思」が必要であり、このような意思を欠いた届出があっても無効です。たとえば、お互いが完全に冗談であるという前提で婚姻届に署名、押印したところ、一方が後で心変わりして相手の知らないうちにその婚姻届を本当に役所に提出してしまったような場合には、（これを証明するのは相当難しいと考えられますが、証明ができたとすれば）婚姻届を提出されてしまった方には婚姻の「意思」がなかったというべきでしょう。民法も「人違いその他の事由によって当事者間に婚姻をする意思がないとき」は、婚姻は「無効」としています（民法742条1号。養子縁組については民法802条1号）。この場合、婚姻無効確認訴訟などの手続きにより、婚姻が無効であることが確認されます。

⑵　「養子縁組をする意思」についての学説は分かれる

　では、婚姻や養子縁組にはどのような「意思」が必要でしょうか。この点には学説・判例上争いがあります。まず、婚姻の場合で説明します（33ページ以下も参照）。

一番形式的な考え方は、「婚姻届を作成して役所に提出することの意思」で足りるというものです。これを形式的意思説と呼びます。この考え方では、先ほどの例のように役所に提出するつもりさえない本当の冗談のような場合を除いて、ほとんどのケースで婚姻や養子縁組は有効になりそうです。たとえば、「日本人と結婚すれば容易に来日・滞在できる」という、いわゆる「偽装結婚」であっても、婚姻自体は有効になりそうです（なお、脅されて婚姻届にサインしたような場合は、「詐欺または脅迫による婚姻」として「取消し」の対象となります（民法747条1項）。これは、婚姻意思が「ない」場合と違って、婚姻意思に「瑕疵」つまりキズがある場合であるとされており、無効とは違いますが、ここでは割愛します）。

　反対の考え方は、「社会通念上夫婦と認められる関係を形成する意思」が必要だというもので、これを実質的意思説といっています。これに従うと、偽装結婚は婚姻意思を欠いて無効ということになりそうです。また、たとえば「肉体関係は一切ないが、長年友達として仲良くしてくれた人に財産を相続させてあげるために臨終間際に形だけ夫婦になる」といったケースで「それは社会通念上の夫婦と言えない＝婚姻意思がないのでは？」という疑問が出てくることになるでしょう。中間的な考え方もいろいろ考えられていますが、決着はついていません。

⑶　判例はどう考えているか

　では判例はどのように考えているかというと、これは非常に微妙です。

　まず、婚姻の場合を見てみると、昭和44年10月31日の最高裁判決（民集23巻10号1894頁）が、子に嫡出性を与えるための婚姻届というケースで「法律上の夫婦という身分関係を設定する意思はあったと認めうる場合であっても、それが、単に他の目的を達するための便法として仮託されたものに過ぎないものであって、……真に夫婦関係の設定を欲する効果意思がなかった場合には、婚姻はその効力を生じない」と述べています。これは実質的意思説の立場を採用したものと考えられています。

ところが、そのすぐ後、昭和45年4月21日の最高裁判決（判時596号43頁）では、先ほどの例として挙げた臨終婚は「有効」としています。そのため、裁判所は、「実質的意思」が必要としてはいるものの、様々な夫婦のあり方を想定し、その「実質的意思」の内容をかなり柔軟に解釈しているのではないかと指摘されています。

　では、養子縁組についてはどうでしょうか。判例上、「縁組意思がない」として無効とされた例には、徴兵制の時代に兵役免除のためになされた養子（兵隊養子。大審院明治39年11月27日判決（刑録12輯1288頁））、「芸者」が一般的だった時代、「置屋」が芸者を拘束する目的でなされた養子（芸娼妓養子。大審院大正11年9月2日判決（民集1巻448頁））といったものがあり、戦後には、学区制を免れるためになされた養子（岡山地裁昭和35年3月7日判決（判時223号24頁））といったものがあります。

　これに対し、単に相続のみを目的とする養子は一般的に有効とされていますが、判例は、相続目的に加えて「親子としての精神的なつながりをつくる意思」を要求しており（最高裁昭和38年12月20日判決（家月16巻4号117頁））、また、情交関係のある相手方を自分の養子とする場合（妾養子）は、長年にわたって同居し家業を手伝ってくれたことに対する謝意をこめて自分の財産を相続させる意思で姪を養子にしたというケースでは過去に一時的な情交関係があっても縁組の成立は妨げられないとしたものの（最高裁昭和46年10月22日判決（民集25巻7号985頁））、そのような過去の情交関係ではなく、まさに現在継続中の情交関係を維持するための養子縁組のようなものは無効になる可能性があるのではないかと指摘されています。

　なぜこのようなことが同性婚において問題になるのか、お分かりでしょうか。同性パートナーが養子縁組をするのはなぜかというと、当事者には、主に「（法的にいえば）『夫婦』になりたい」という意思しかないのです。「『養親・養子』（親子型）あるいは『（養親を介した）兄弟』（兄弟型）になりたい」という意思はありません。夫婦になる意思と養子縁組をする意思は法的には異なるものと言わざるを得ません。昭和44年の最高裁判決の言い回し

を借りると、「単に他の目的を達するための便法として仮託されたもの」ではないかという疑いがどうしても残りそうです。現時点でこのような問題を検討して判断した裁判例は見当たらず、有効とも無効とも断言することはできないのですが、一応、法律的リスクとして知っておいてほしい問題点の一つです。

(4) 役所の窓口対応は

　もっとも、養子縁組をする段階の役所の窓口でこのような問題点を指摘されることはまずありません。役所の窓口では、戸籍の届出について形式的な審査を行うだけで、届出が届出人の真実の意思に基づくものかどうかといった実質的な中身は審査しないからです（このしくみを悪用されるのを防ぐため、離婚の届出については特別に「不受理申出」の制度が用意され、あらかじめ申し出ておけば離婚の届出が受理されないようになっていますが、これもあくまで不受理申出の有無という形式的な審査ですし、他の届出にはこのような仕組みもありません。もっとも、養親と養子の年齢差が小さい場合に色々質問されるといったことがあるようですが、受理を拒否できるものではありません）。したがって、もし前述のような法律上の問題があっても、縁組届を役所に提出し、戸籍に「養子」の関係が記載されるところまでには特に何の障害もないことになります。

(5) 「無効」と判断されるリスクは

　問題は、事後的に「養子縁組無効」という問題が生じてこないかどうか、ということですが、トラブルの可能性は「小さくはない」と言うべきでしょう。

① 親子型の養子縁組の場合、当事者である同性パートナー同士の間では、法律婚の夫婦仲が悪くなって離婚問題が起きるのと同じように、養子縁組を解消したいという問題が生じるかもしれません。しかし、この場合には、法律婚の離婚と同じように養子縁組にも離縁というしくみがあるので、その枠組みの中で争う可能性が高く、「そもそも養子縁組自体

が最初から無効だったのだ」という問題になる可能性は低いでしょう。兄弟型の養子縁組の場合は、同性パートナーの一方の親が養親として関与するため当事者が増え、関係が複雑になる可能性がありますが、養子縁組時点で全員の適切な同意があったのであれば、同様に離縁で争えば足り、養子縁組無効という問題が起きる可能性は低いと思われます。

② 問題は、当事者以外の人が養子縁組を問題視する場合です。相続争いのような場面では、このような紛争が考えられます。当事者（養親・養子）以外の誰かが「養子縁組無効」の訴えを起こすことはあり得るのでしょうか。答えは「あり得る」です。昭和63年3月1日の最高裁判決（民集42巻3号157頁）は、縁組当事者の一方の親族であって縁組無効の判決により相続権、扶養義務等自己の権利義務に直接の影響を受ける関係にある者は、縁組当事者以外の者も養子縁組無効確認の訴えを提起することができるとしています。どこまでの範囲の人が原告となりうるかは必ずしも明らかになっていませんが、たとえば、同性パートナーの一方当事者（養親・養子）が死亡した後、死亡したパートナーの親族が、相続争いに絡んで養子縁組無効の訴えを起こさないとも限りません。なお、同性婚と相続については、相続税など税務上の取扱いがどのようになるかも慎重に検討する必要があります（217ページ参照）。「親子型」にするか「兄弟型」にするかの選択自体、将来の相続をにらんで検討したほうがよいというケースも多いはずです。

以上のように、養子縁組は、できるだけ同性婚に近い効果をもたせることを目的としてしばしば行われる手続きですが、さまざまな問題点があることも知っておかなければなりません。

なお、いったん養子縁組をして「親子」や「兄弟」になった場合、将来的に「同性婚」が法制化されたとき「親子」「兄弟」で「結婚」することができるのか？が問題となります（現在の法制度では、いったん養子縁組をしてしまうと、これを解消した後でも結婚できません（民法736条））。立法的な配慮が必要になる問題といえます。

【同性婚編】法律の知識③

法律 「準婚契約書」とは

【理解しておきたいポイント】
1. 契約をどのように位置づけるか ………………………… P.200
2. 契約の限界 ……………………………………………… P.200
3. どのようなことを契約で取り決めるか ………………… P.201
4. 契約はどうやって結べばよいか ……………………… P.204
5. 遺言書の作成 …………………………………………… P.205
6. 任意後見契約 …………………………………………… P.205

　同性婚においては、そもそも法律上の婚姻とは認められていない現状から、法律上の夫婦と同様な生活を送るためには、いろいろなことを契約で取り決めておき、法律上の夫婦とまったく同じとはいきませんが、できるだけこれに近い形でお互いの権利義務を決めておくことが望ましいといえます。

　そこで「準婚契約書」つまり婚姻関係に準じた関係を作るための契約を締結することが考えられます。

　なお、法律上の夫婦の場合、結婚前に「夫婦財産契約」という特殊な契約ができ（民法755条以下）、これは非常に強い法律上の効果をもつものですが、ほとんど知られておらず、登記など手続きも面倒なため、利用例は年間数件しかありません。利用例の契約内容には参考になるところもありますが、本書でもさしあたり検討の対象から外すこととします。

1. 契約をどのように位置づけるか

　もっとも、必ずしもすべてのことを契約で決めてしまう必要はありません。「できるだけ詳しく法律上の夫婦と同じように取り決めたい」「堅苦しいことは最小限にしてその都度話し合いで決めたい」あるいは、逆に「法律で決まっている以外のこともいろいろ先に決めておきたい」、いろいろな形が考えられます。

　さまざまな考え方を柔軟に反映し、取り決める事項を取捨選択できるのが契約のよいところです。契約によって2人の何を取り決めたいのか、パートナー間でよく話し合う必要があるでしょう。

2. 契約の限界

　契約による取り決めには限界があります。まず考える必要があるのは民法90条「公序良俗違反による無効」です。

　契約は当事者の合意ですので、原則としてどのようなことでも取り決めることが可能ですが、契約が有効になれば、たとえば裁判等で法律がその実現を助けることになります。そのような場合に、裁判所があまりにとんでもない契約に手を貸すことはできない、ということで、公序良俗に反する契約は無効になるのです。古い時代には、内縁関係すらこの公序良俗に違反すると考えられていたこともありました。

　現代の社会情勢の中で、同性パートナー同士の契約だからといってすべてが無効になるとは考えられませんが、たとえば、「もし浮気をしたら、殺されても文句は言わない」という「契約」が無効であることは誰でも分かることです。これはいささか極端な例ですが、具体的な内容次第では、契約が無効とされる危険もあります。夫婦間で将来離婚する際に金銭給付を約束することは婚姻関係の永続を図ろうとするものだから公序良俗違反にならないという判例がある一方（大審院大正6年9月6日判決（民録23輯1331

頁))、成年に達した子が父と別居するにあたり、離婚した母と同居しない
ことを約束して違約金の定めまでしたという事案では、そのような定めは
無効とされています（大審院明治32年3月25日判決（民録5輯3巻37頁））。
同性パートナー間でも、浮気を禁止するだけでなく、浮気に対して違約金
（罰金、慰謝料など名目はなんでも）を払うような条項が有効になるかどう
かは案外微妙なところです。

　最近では、代理出産の事案で、外国の裁判では卵子提供者と子の間に親
子関係が成立すると認められたのに、日本の裁判所はこれを公序良俗違反
とした例があります（最高裁平成19年3月23日決定（民集61巻2号619頁））。
同性婚とは直接の関係はないものの、身分法の分野では公序良俗違反とい
う判断が珍しいものではないことはお分かりいただけるでしょう。

　そのほかにも、たとえば、家を飛び出した相手に同居を命じたり、現在
の配偶者と離婚したりすることを約束したりするような条項は、それに違
反したらお金を払う、という約束が有効になるかどうかということは別と
して、違反状態を是正するよう法的に強制することはできませんので、そ
ういった点も注意しなければなりません。

　また、後述しますが、パートナー間で契約をしても、相続に関しては全
く無力で、別途、遺言書を作成しなければなりません。その場合も法律上
の夫婦の場合と違いさまざまな制約を受けざるを得ないのが現状です。

3. どのようなことを契約で取り決めるか

　主だった項目を整理すると、次のような項目が考えられます。

(1)　契約の目的

　契約当事者が、法律上の夫婦に準ずる同性パートナー関係を結び、その
関係の維持・発展を目的とすること、お互いの愛情、尊重、信頼など、パー
トナー関係の基本に関することを取り決めます。契約の趣旨からして、「法

律上の夫婦に準ずる関係を作る」ことは明確にしたほうがよいでしょう。

(2) パートナーの法的形態に関すること

養子縁組をするかどうか、どのような形で養子縁組をするかといったことは明確に取り決めておくことが望ましいでしょう。また、前述した渋谷区や世田谷区の条例のような仕組みを利用するかどうかも明記しておくとよいと考えられます。

(3) パートナーの権利義務に関すること

夫婦に認められる同居・協力・扶助の義務、お互いに貞操を守る義務、生活費を分担する義務などは契約の条文に明記しておきましょう。違反した場合のペナルティを違約金などの形で決めておくことも考えられますが、前述のように、公序良俗違反という評価を受ける可能性もあります。少なくとも、あまりに非常識な額を定めるのは実質的な意味もありませんし、控えたほうがよいでしょう。また、それ以外にも、たとえば家事や介護などの役割分担を決めたりすることも考えられます。もっとも、こうした事項は生活の変化に応じて柔軟に変えられるようにしたほうがよいともいえます。ケースバイケースで考えましょう。

(4) パートナーの財産関係に関すること

法律上の夫婦関係では、夫婦が同居している間に共同で形成した財産は夫婦の共有財産と推定されます。これは主に離婚の際の財産分与で影響があるもので、夫婦共有財産は原則として2分の1ずつ分けることになっています。同性パートナーの場合にもこのしくみは参考になると思われますが、お互いの収入の状況や財産管理、将来設計などに応じて、どの収入をどの口座で管理するか、支出はどのように行うか、将来のための資産形成はどうするか、といったことを決めていくことも有益でしょう。不動産については、どちらかの単独の名義でなく共同所有（共有）で取得すること

も考えられます。

(5) 子供に関すること

現時点では、同性パートナー同士で生物学的な意味での子をもうけることは不可能ですし、法律上の夫婦でないため、特別養子縁組をすることもできません（民法817条の3）。したがって、今のところ、同性パートナーが育児をすることが考えられるのは、パートナーの一方が前夫ないし前妻との間にもうけた子を引き取って育てているケースや、子の実親の承諾を得て養子縁組をするケースなどになります。このような場合、子供をどうやって育てていくかは重要な問題です。また、欧米では親がいなかったり虐待を受けたりした子供の「里親」として同性パートナーが養育するケースがあり、我が国でもそのような里親制度の運用を目指す動きもあります。またさらに先の話になるかもしれませんが、生殖医療によって同性パートナーでも子供をもうけることが可能になるかもしれません（なお、第三者の精子提供や代理出産は現実的な問題です）。将来的に可能性があれば子供を育てたいと思うかどうかも考えておくとよいのではないでしょうか。

(6) 相続に関すること

まず、養子縁組という形を選択しなかった場合、現在の日本の法制度では、同性パートナー間に相続関係はまったく発生しません。また、養子縁組を利用した場合も、法律上の夫婦とは相続関係が異なります。特に「兄弟型」の養子縁組をした場合には相続関係が非常に複雑になってしまいます。そこで相続に関する手当てをしておかなければなりません。

もっとも、注意を要するのは、この「準婚契約書」は、法律上の「遺言」になり得ないということです。自分が死んだ後の相続財産の処分を決められるのは「遺言」という形式の書面を作成した場合だけで、同じようなことが契約書の中に書いてあっても何も効果がありません。遺言の方式は、自

筆証書遺言、秘密証書遺言、公正証書遺言の3種類（民法967条）です（97ページ参照）。そこで、契約書の中には、「別途、それぞれが相手に自分の財産を相続させる（または、遺贈する）旨の遺言書を作成する。」といった「遺言書の作成の約束」をしておくことになります。

その他の備えとしては、お互いが受取人となる生命保険をかけておく約束などをすることも考えられます（ただし、現状では、保険会社側が保険金の受取人を一定の範囲の親族に限っていることが多く、養子縁組が必要なこともあります）。パートナー契約は長期にわたるものですから、よく考えておきましょう。

(7)　その他お互いのライフスタイルに関すること

契約の内容は自由に決めることができますから、お互いの日常生活、食事、趣味、余暇、記念日、ペット、どんなことでも条項に盛り込むことは可能です。ただ、あまり最初からガチガチに細かく決めすぎるのも考えものですし、法的にどこまで意味があるかも問題になるので、お互いが息苦しくならない程度にするのがよいでしょう。

4. 契約はどうやって結べばよいか

誤解している方も少なくありませんが、契約そのものは書面にせず口頭のままでも成立します（たとえば、婚姻は書面による届出をしないと成立しないのと比べてください）。ただ、複雑な契約の内容を口頭で整理するのはまず無理ですし、後日の証拠となるものもありません。そこで、普通は契約書を作成します。

契約書を作るには、大きく分けて、当事者間だけで契約書を作る方法と、公証役場で公正証書にする方法とがあります。

5. 遺言書の作成

　自分が死んだ後、財産をパートナーに遺したいという場合には、前述のとおり、当事者間で契約をするだけでは不十分で、遺言書を作らなければなりません。一般に利用されるのは、全文を自筆で書く「自筆証書遺言」と、公証役場で公証人に手続きをお願いする「公正証書遺言」ですが、確実を期すため、公正証書遺言にするのがお勧めです（97ページ参照）。

　この場合、よく考えなければならないのが、自分の直接の親族との関係です。自分の財産は死後完全に自分の自由に処分できるのではなく、法定相続人の一部（民法1028条）には遺留分という権利があり、どういう遺言を書いても遺留分を行使されると法定相続分の半分まではパートナーに行きません。家庭裁判所の許可を得て生前に遺留分を放棄してもらうことも可能ですが（民法1043条）、あまり一般的ではありませんし、放棄を頼むことでかえって感情をこじらせてしまう危険もあります。

　また、詳しくは217ページで説明しますが、同性パートナーの場合、相続税の関係でも法律上の夫婦とは異なって配偶者控除が受けられない等の注意が必要です。

6. 任意後見契約

　渋谷区のパートナーシップ条例にも登場しますが、加齢や病気により判断能力が失われた場合に備えて、お互いに任意後見契約を締結し、相手を支える準備をしておくことも考えておきましょう。これは法定の様式があるので、公正証書にすることが必須です。

法律	【同性婚編】法律の知識④
	性同一性障害とは

【理解しておきたいポイント】

1. 法律上の「性同一性障害」とは ……………………………… P.207
2. 性別の取扱いの変更の審判とは ……………………………… P.207
3. 審判を受けるとどうなるか ………………………………… P.208
4. 名前を変えるには …………………………………………… P.210
5. 以上の要件にあてはまらない人は ………………………… P.210

　「性同一性障害」とは何か？というのはなかなか微妙で難しい問題です。一般的な分かりやすい表現としては、「心の性別と身体の性別が食い違う状態」という言い方があります。とりあえず、生物学的には自分の身体は「男性」だと分かっているのに心理的には自分は「女性」だと思う、あるいはその逆の状態をいうものと理解しておきましょう。英語では「ジェンダー・アイデンティティ・ディスオーダー」と呼ばれ、この頭文字から「GID」という略語が使われることもあります（今後は、DSMの改訂に伴って「ジェンダー・ディスフォリア（性別違和（症））」という用語が用いられるようになると言われていますが、本書では、さしあたり性同一性障害という用語で統一します）。

　性同一性障害の人の場合、心の性別と身体の性別は食い違っていますが、身体的にははっきりした「男性」「女性」という区別があります。この点で、身体的に性器や性腺、染色体の性別があいまいだったり一致しなかったりする「性分化疾患」とは異なるカテゴリーに分けられています（もっとも、法律上の性同一性障害の要件を同時に満たすような場合には性別の変

更手続きも可能になります）。

　性同一性障害は、医学的には精神的な「疾患」、つまり、病気であると理解されています。その治療として、精神的な治療やサポートを経た上でホルモン療法等のほか、「性別適合手術」（以前は性転換手術と言われた）がよく行われます。かつては、そもそも性転換手術自体が法律（優生保護法）違反とされるなど、性同一性障害の研究、認知、理解が乏しい時代もありましたが、現在では一定の社会的理解が進展し、平成15年に「性同一性障害者の性別の取扱いの特例に関する法律」（以下、「特例法」といいます）が制定されるに至りました。本書では、歴史的経緯等は省略し、現行法である特例法の内容を解説していくことにしたいと思います。

1. 法律上の「性同一性障害」とは

　特例法によれば、法律上の「性同一性障害」とは、次のような要件を満たすものをいいます。
① 　生物学的に性別が明らかである
② 　心理的にそれとは別の性別（「他の性別」）であるとの持続的な確信を持つ
③ 　自己を身体および社会的に他の性別に適合させようとする意思を有する
④ 　そのことについて医師2人以上の診断が一致する（なお、診断書の記載事項は法令で定められた厳格なものです）

2. 性別の取扱いの変更許可の審判とは

　上記の要件を満たし、さらに次の要件を満たす場合には、家庭裁判所に申し立て、性別の取扱いの変更の審判を受けることができます。

事実婚・内縁関係編

同性婚編

困った時の相談先

索引

① 20歳以上であること

　　審判のときに20歳以上であればよく、審判の申立てはそれより早くてもかまわないとされています。

② 現に婚姻をしていないこと

　　審判の際に婚姻していなければよく、過去に婚姻したことがあっても離婚により婚姻を解消していたり死別していれば要件を満たします。なお、この「婚姻」には事実婚は含まれないものと解されているので、事実婚中の人は要件を満たすことになります。

③ 現に未成年の子がいないこと

　　平成15年に特例法が制定されたときは「現に子がいないこと」が要件とされていました（「子なし要件」）が、平成20年の改正により、「未成年の子」がいなければよいことになりました。なお、養子もここでいう「子」に含むため、性別の変更の手続きとあわせて婚姻や養子縁組等を考えている場合、手続きの順序に注意が必要です。

④ 生殖腺がないこと又は生殖腺の機能を永続的に欠く状態にあること

　　性別適合手術により生殖腺の切除を受けた場合のほか、それ以外の原因による場合も含まれます。元の性別の生殖能力が残存していてそれにより子が生まれると、変更後の性別との関係で混乱をきたすおそれがあるとして、このような要件が設けられています。

⑤ その身体について他の性別に係る身体の性器に係る部分に近似する外観を備えていること

　　いわゆる外性器要件といわれるもので、公衆浴場での問題など、社会生活上の混乱を避けるための要件です。

3. 審判を受けるとどうなるか

　　家庭裁判所で性別の取扱いの変更の許可の審判を受けると、特例法4条により、法律上「他の性別に変わったものとみなす」ものとされると共に、

裁判所から役所に性の変更の嘱託がなされ、役所で戸籍上次のような処理がなされることになります。

① 審判を受けた者の戸籍に他の在籍者があるとき・あったとき

審判を受けた者を筆頭者とする新戸籍を編製した上で、新戸籍の中で父母との続柄を更正します。具体的には、「長男」を「長女」にしたり「二女」を「二男」にしたりします。また、戸籍には、特例法に基づく審判による更正である旨が記載されます。ただし、もとの戸籍の続柄は訂正されません。

② 審判を受けた者が戸籍の筆頭者であり、他に在籍者がいないとき

その戸籍において父母との続柄を更正します。戸籍には同様に特例法に基づく審判による更正である旨が記載されます。

審判の申立ては、申立人の住所地を管轄する家庭裁判所に、「性別の取扱いの変更許可申請申立書」を提出することで行います。この申立書には、申立人の出生時から現在までのすべての戸籍（除籍，改製原戸籍）謄本（全部事項証明書）と、所定の事項の記載のある2人以上の医師による診断書を添付することが必要です。

診断書の参考様式は、厚生労働省のホームページ（http://www.mhlw.go.jp/general/seido/syakai/sei32/）に掲載されています。また、診断書の記載要領は、厚生労働省および厚生労働省精神保健福祉課長通知で定められています。主治医に相談して専門医の紹介を受けるなどして診断書を用意します。

なお、申立書自体の記載例についても、裁判所のホームページに記載されています（http://www.courts.go.jp/saiban/syurui_kazi/kazi_06_23/index.html）。

申立書を裁判所に提出後、家庭裁判所の審理の結果、要件を満たしていると判断されれば、変更を許可する審判がなされます。

4．名前を変えるには

　性別が変わったのだから、「男らしい」名前も「女らしい」名前に変えたいといった要望が出てくることもあります。特例法には名前を変えるための手続きはなく、別途、戸籍法107条の2による家庭裁判所の許可を得なければなりません。ただし、性別が変わったことは、名の変更のための「正当な理由」として考慮され、比較的容易に許可が得られると考えられます。

5．以上の要件にあてはまらない人は

　法律上の性同一性障害の取り扱いは以上のようなものですが、「LGBT」の「T」トランスジェンダーとは、幅広く自分の身体の性と心の性（性自認）との不一致に違和感を持つ人をいうので、このような要件を満たす人ばかりではありません。その中には、例えば服装や化粧、言葉遣いによって違和感を減らそうとする人もおり、また、性別適合手術までは希望しないという人もいます。「性同一性障害」とは、その中で医学的に疾患として治療の対象になる場合、あるいは法律的に特別の取り扱いがなされる場合を一定の基準を設けて区分するための一つの概念です。性のあり方は「男」「女」で簡単に割り切れるものではなく、多様に「ゆらぐ」、一人ひとり異なるものだということへの理解が求められます。現在の法律も、将来的にもっと多様な性のあり方に対応できるものに変化していくことを期待したいものです。

税務

【同性婚編】税務の知識①

所得税の取扱い

【理解しておきたいポイント】
1. 所得税上の取扱い ………………………………………………… P.212

税制は徴税の便宜を図るため、画一的に法律婚主義を採用しています。したがって、同性婚のパートナーに配偶者としての税制の優遇はありません。

ここでは、同性カップルが養子縁組をした場合の課税関係について説明します。

養子縁組の方法には大きく2つの方法があります（「**法律の知識①**」188ページ参照）。

① 年長者を親、年少者を子供とした養子縁組をする方法
② 一方の親と養子縁組をすることで兄弟になる方法

養子縁組することで法律上の親子もしくは兄弟になるので、税制上も親子間に認められた税制、もしくは兄弟間に認められた税制がすべて適用されることになります。

個人にかかる税金には、所得税、贈与税、相続税などがありますが、同性婚の手法として養子縁組を考える場合、税金、特に相続税にどのような影響があるのかを十分に理解しておく必要があります。

211

1．所得税上の取扱い

　一般的な所得税の考え方は、【事実婚・内縁関係編】110ページに記載の通りです。養子縁組により親子や兄弟になった場合、税務上、「扶養親族」としての税制が適用になります。所得税の計算においては「扶養控除」があります。扶養控除は扶養親族の中に、その年12月31日現在の年齢が16歳以上の人がいる場合に所得から差し引ける金額のことをいいます。

　扶養親族とは、その年の12月31日の現況で、次の4つの要件のすべてに当てはまる人です。

①　配偶者以外の親族（6親等内の血族及び3親等内の姻族）

②　納税者と生計を一にしていること。

③　年間の合計所得金額が38万円以下であること。

　　（給与のみの場合は給与収入が103万円以下）

④　青色申告者の事業専従者としてその年を通じて一度も給与の支払いを受けていないことまたは白色申告者の事業専従者でないこと。

　養子縁組による親子または兄弟は、①配偶者以外の親族に該当します。したがって他の②から④の要件を満たせば「扶養控除」を適用することができます。

　また「生計を一にする配偶者やその他の親族」のために支出する医療費や社会保険料があれば、「医療費控除」「社会保険料控除」などの所得控除を適用することが可能です。

税務	【同性婚編】税務の知識②
	# 贈与税の取扱い

【理解しておきたいポイント】

1. 贈与税上の取扱い ……………………………………………… P.213
2. 住宅取得資金の贈与の特例 …………………………………… P.214
3. 相続時精算課税の選択 ………………………………………… P.215

---

1. 贈与税上の取扱い

　贈与税は贈与財産を受け取った人が、1年間に受け取った財産の額に応じて支払う税金です。

　贈与税は次のように計算をします。

贈与税＝ 贈与財産の評価額－基礎控除110万円 ×税率－控除額

　平成27年1月以降、父母や祖父母が20歳以上の子や孫に贈与する場合には一般の贈与税率よりも低い贈与税率（特例税率）が適用されるようになりました。

　一方、夫婦間や第三者間での贈与の場合には、一般の贈与税率が適用されます。

　税率は次ページの図表の通りです。

　養子縁組をした場合、親から20歳以上の子供への贈与には低い特例税率が適用できます。

　しかし、子供から親への贈与は一般税率となることに留意が必要です。

■図表　贈与税速算表

基礎控除後の課税価格	一般税率		特例税率 （祖父母・父母から20歳以上の子や孫へ）	
	税率	控除額	税率	控除額
200万円以下	10%	−	10%	−
300万円以下	15%	10万円	15%	10万円
400万円以下	20%	25万円		
600万円以下	30%	65万円	20%	30万円
1,000万円以下	40%	125万円	30%	90万円
1,500万円以下	45%	175万円	40%	190万円
3,000万円以下	50%	250万円	45%	265万円
4,500万円以下	55%	400万円	50%	415万円
4,500万円超			55%	640万円

2. 住宅取得資金の贈与の特例

　養子縁組をしているパートナーがマイホームを取得することにした場合には、贈与税の特例の利用を検討することができます。

　親が子へ、子供の自宅にするための住宅取得資金を贈与する場合、一定の金額まで贈与税が非課税になります（租税特別措置法70条の2）。住宅取得資金にはその住宅の敷地となる土地の取得資金も含みます。

　非課税となる金額は家屋の取得の契約を行った時期により異なります。

消費税が8%の時点での非課税金額は次の通りです。

住宅用家屋の取得等に係る 契約の締結期間	良質な住宅用家屋	左記以外の 住宅用家屋
～平成27年12月	1,500万円	1,000万円
平成28年1月～平成29年9月	1,200万円	700万円
平成29年10月～平成30年9月	1,000万円	500万円
平成30年10月～平成31年6月	800万円	300万円

10%消費税が導入された後は次のようになります。

住宅用家屋の取得等に係る 契約の締結期間	良質な住宅用家屋	左記以外の 住宅用家屋
平成28年10月～平成29年9月	3,000万円	2,500万円
平成29年10月～平成30年9月	1,500万円	1,000万円
平成30年10月～平成31年6月	1,200万円	700万円

　上記の「良質な住宅用家屋」とは、断熱等性能等級4または耐震等級2以上もしくは免震建築物に該当する住宅用家屋等です。詳細な住宅の条件については住宅取得時に住宅メーカーにお尋ねください。

　同性婚パートナーの場合、養親から養子への贈与にしか利用できないという点に留意する必要がありますが、2人で共有し、2人で住む自宅の取得に利用できますので、マイホームの取得を考えた時には有用です。

3．相続時精算課税の選択

　「1．贈与税上の取扱い」で、贈与税は次のように計算をしますと説明しました。

贈与税＝ 贈与財産の評価額－基礎控除110万円 ×税率－控除額

215

親から子供への贈与を行った場合、通常は上記の計算で贈与税を計算する「暦年課税」を自動的に選択したことになります。

　しかしながら、親が60歳以上で子供が20歳以上の場合には「相続時精算課税選択届出書」を提出することで、2,500万円までの受贈財産に係る贈与税を非課税とすることができます。2,500万円を超える金額の贈与には一律20%の贈与税がかかります。ただし一度「相続時精算課税」を選択すると、その親から子供への贈与に関しては二度と「暦年課税」を適用することはできません。

　相続時精算課税制度を利用して実行した贈与で受け取った財産は、贈与時点で法的な所有権が子供に移りますが、親の相続税の計算時に相続財産に含めて相続税を計算[※1]しなければなりません。相続税がすでに支払った贈与税よりも多ければ、追加で相続税を納付することになり、逆に相続税の方がすでに支払った贈与税よりも少ない場合には、払い過ぎの部分が還付されることになります。同性婚パートナーの養子縁組は、養親の親族と相続をめぐるトラブルになることが多くあるので、相続時精算課税の取り扱いにあたっては「税務の知識③」「相続税の取扱い」と併せて検討し、慎重に検討する必要があります。

[※1]　このときの受贈財産の相続税評価額は、実際の相続までにどれだけ価値が変わっていても、贈与時の評価額をそのまま使います。

税務

【同性婚編】税務の知識③

相続税の取扱い

【理解しておきたいポイント】

1. 相続税上の取扱い ………………………………………………… P.217
2. 子供のいないカップルが養子縁組をした場合 ………………… P.217
3. 子供のいるカップルが養子縁組をした場合 …………………… P.220

1．相続税上の取扱い

養子縁組をした場合、所得税や贈与税に与える影響が第三者にまで及ぶことはほとんどありませんが、相続税は、当事者以外に多大な影響があるため、留意が必要です。

養子縁組は2人の間に親族関係を生み出すだけではなく、同時に養親の血族との間にも、血族間におけるのと同一の親族関係を生じます（民法727条）。普通養子縁組の手続は市役所に行くだけで簡単にできてしまいますが、2人だけの問題ではないのです。

なお、養子縁組をしても「養親」と「養子の血族」との間には何の関係も生じません。

2．子供のいないカップルが養子縁組をした場合

例えば、年長者ユウを親、年少者リンを子供とした養子縁組をした後、ユウが5,000万円の現金を遺して亡くなったケースを考えましょう。

> 【設例1】 リンと養子縁組をした後に、養親ユウが5,000万円の現金を遺して亡くなったケース。
> 　　ユウの家族構成　父、母、ユウ、弟

ユウが亡くなった場合の法定相続人と法定相続分は次のとおりです。

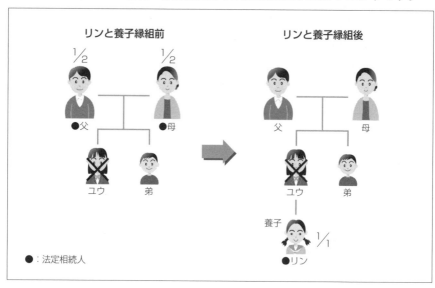

●：法定相続人

養子縁組をすると、ユウが特に遺言を残していない場合には、ユウの全財産をパートナーであるリンが相続することになります。

相続税は次のようになります。

（リンと養子縁組前）相続税80万円を相続人の父母2人で払う

（リンと養子縁組後）相続税160万円を相続人のリンが1人で払う

相続税が増えたのは、養子縁組をしたことで法定相続人が2人から1人に減ったため、相続税の基礎控除額が4,200万円から3,600万円に減り、かつ税率が10％から15％に上がったためです。

養子縁組をしたことで、法定相続人が大きく変わりますので、ユウが亡

くなった後、残されたリンはユウのご両親や弟と気まずくなるかもしれません。

【設例2】 その後ユウの父が亡くなった場合。

ユウの父の法定相続人と法定相続分は次のようになります。

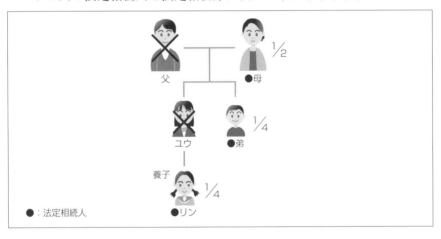

リンはユウの代襲相続人として、ユウの代わりにユウの父親の財産を相続する権利を持つのです。

リンが養子縁組をしていなければ、法定相続人は母と弟の2人、そして法定相続分は母1/2、弟1/2でした。

弟としてみれば自分がもらえるはずだった1/2の財産が1/4になってしまい面白くない……しかもその財産がユウ一族伝来の財産だったりすればなおさらです。

一方リンの血族とユウには何ら法的な関係は発生しないので、リンやリンの親兄弟が亡くなってもユウやユウ一族に財産が渡ることはありません。

余談ですが参考までに、仮に同性婚が合法化され、リンが養子になった

のではなく、仮に配偶者であったなら、ユウが亡くなった後の法定相続人は次のようになります。

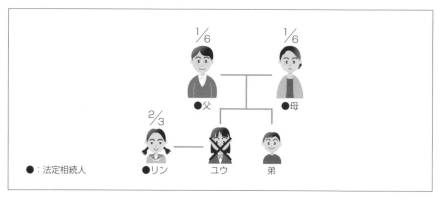

もっと気まずくなるのは、この後です。

3．子供のいるカップルが養子縁組をした場合

　年長者ハルトと年少者ユウトが養子縁組をした場合を考えます。年長者が養親になることになっていますから（民法793条）、ハルトが養親、ユウトが養子になります。ですが、ハルトには以前離婚した妻との間に妻の元で暮らす子供ソウタがいます。

> 【設例3】　ユウトと養子縁組をした後に、養親ハルトが5,000万円の現金を遺して亡くなったケース。
> 　なお、ハルトの両親は健在です。

　ハルトの法定相続人と法定相続分は次のようになります。

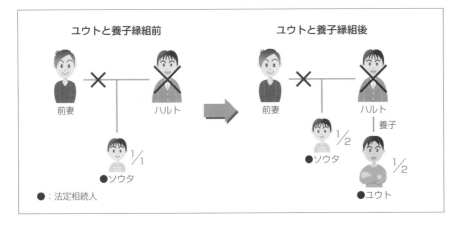

相続税は次のようになります。

（ユウトと養子縁組前）　相続税160万円をソウタが1人で払う
（ユウトと養子縁組後）　相続税80万円をソウタとユウトの2人で払う

民法上は養子縁組できる人数に上限はありませんが、相続税の計算上相続人の人数に取り込める人数には次の制限があります（相続税法第15条第2項）

(1)　被相続人に実の子供がいる場合………1人まで
(2)　被相続人に実の子供がいない場合……2人まで

したがって、先ほどの事例では養親となるハルトには実子が1人しかいないので、問題なくユウトを相続税の計算上の相続人の人数に取り込むことができました。

しかしユウトにも実子（ユイ）がいて、ハルトと一緒に暮らすようになり、ハルトがユイとも親子関係を築くために、養子縁組をした場合はどうなるでしょうか。

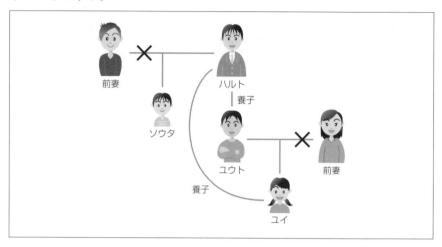

　法律上ハルトは実子（ソウタ）の他に、養子2人（ユウトとユイ）をあわせて合計3人の子供の親となります。
　ハルトが亡くなった場合の法定相続人は、ソウタ、ユウト、ユイの3人ですが、相続税の計算上の法定相続人の数は2人となります。

【設例4】 上述のケースで養親ハルトが5,000万円の現金を遺して亡くなったケース。
なお、ハルトの両親は健在です。

（ユウトとユイと養子縁組後）

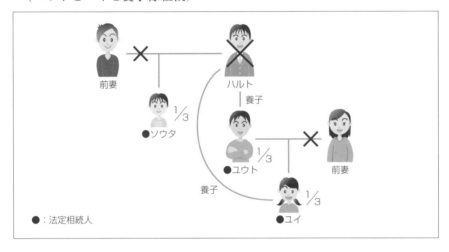

相続税は次のようになります。
（ユウトとユイと養子縁組後） 相続税80万円をソウタ、ユウト、ユイの3人で払う

法律上の子供の数が増えても、相続税の金額は80万円で【設例3】と同じです。

いずれの場合も養親の血族と養子の間に親族関係が生じることで、養親の血族と財産をめぐるトラブルが生じる可能性があることを十分に念頭においておく必要があります。

コラム　相続時精算課税の利用方法

　相続時精算課税は2,500万円までの受贈財産にかかる贈与税が非課税になるが、相続時に相続財産と一緒に相続税の課税対象となる、という制度です。あくまで法的には贈与なので、贈与時に所有権が移転します。

　相続開始前に所有権が移転しているので、相続放棄をしても受け取ることができます。ただし、相続時に贈与税の精算をする制度なので、相続税の申告が必要となる場合がほとんどです。

　養子と養親の親族との間で相続で揉めることが想定される場合などに、事前に養親が養子に渡したいと思っている財産を相続時精算課税を用いて贈与しておけば、大切なパートナーに確実に財産を渡す方法として利用することが可能です。

コラム　民事信託を利用した財産の遺し方

　同性婚の相手に相続財産を遺すためには、遺言を作成し、遺贈する方法が一般的ですが、昨今、民事信託を利用して財産を遺す方法も利用されるようになってきました。民事信託を利用したスキームは複雑ですが、互いの収入を信託財産に追加信託として組み入れ、法律婚の夫婦と同様にそこに共有財産を形成していき、一方が死亡した場合には遺された一方が受益者となることで、相続と同様の効果をもたらすという手法です。相続税も課税されますし、遺留分の考慮も必要です。さらに事務コストがかかりますが、同性婚の2人の財産の安定を図る手法として注目されています。

社会保険	【同性婚編】社会保険の知識①
	会社員（公務員）（厚生年金・健康保険）の場合

【理解しておきたいポイント】

1. 被保険者と「社会保険上の扶養」………………………………… P.226

2. 社会保険の保障内容（死亡・障害・老齢時）……………………… P.228

* パートナーが障害状態になったときの保障制度 …………………… P.231

* パートナーが65歳以上になったときの保障制度 ………………… P.231

* パートナーと関係解消した場合の保障制度 ……………………… P.231

3. 育児中に利用できる社会保険等の制度 ………………………… P.234

　日本の社会保険制度は同性婚に対して、「性同一性障害者の取扱いの特例に関する法律」に当てはまり性別を変更した場合を除き、婚姻と同じ保障がされていません。

　ここからは、法律により性別を変更していないケース（以後同性婚と呼びます）において、現状利用できる制度や保障について、会社員の場合（厚生年金※2と健康保険※3に加入）と自営業の場合（国民年金※4と国民健康保険※5に加入）に分けて解説します。

※2　会社員（公務員）を対象とした公的年金制度で、国民年金に上乗せをした形で管理運用されています。70歳まで加入することが可能です（158ページのコラム参照）。

※3　会社員（被用者）を対象とした健康保険制度で、疾病・負傷・死亡・出産などの場合に治療費などを給付します。75歳まで加入することが可能です。国民健康保険と区別する際被用者健康保険とよぶこともあります。

※4　日本では20歳以上60歳未満の場合は国民年金の被保険者となります。職業などによって第1号～第3号被保険者のいずれかの該当する種別で加入します。（157ページのコラム参照）

※5　被用者健康保険(iii)に入っていない場合に加入する健康保険制度で、疾病・負傷・

ちなみに、渋谷区や世田谷区では平成27年に同性婚カップルである証明書を発行することになり、新聞やテレビでかなり話題になりましたが、あくまで証明書であるため、社会保険上は証明書あるなしで何か優遇されることは今のところはないようです。

　また、平成27年10月に厚生年金と共済年金は一元化されました。共済年金の職域部分（上乗せ分）については「年金払い退職給付」として退職金的性質となり、社会保険制度ではなくなっています。

1. 被保険者と「社会保険上の扶養」

　会社員（公務員）の場合、原則[※6]厚生年金保険と健康保険の被保険者[※7]となります（会社員（公務員）であっても国民年金と国民健康保険に加入の場合は自営業の場合を参考にしてください）。

　同性婚の場合は、戸籍上の親族になること（つまり親子もしくは兄弟関係として養子縁組をすること）が条件となりますが、厚生年金と健康保険に加入している被保険者に生計を維持されているパートナーや子が「社会保険上の扶養」に認定されれば、保険料の追加負担なしでパートナーや子も制度を利用することができます。

⑴ 社会保険上の扶養として認定されるメリット

　社会保険の扶養として認められると、被扶養者証が発行され、健康保険の基本的な給付（疾病・負傷・死亡・出産）がすべて保険料を追加負担せずに受けられます。同性婚の場合は2人の関係は親子もしくは兄弟（姉妹）となるため、扶養のメリットとしてはあまりないように見えますが、障害

　　死亡・出産などの場合に治療費などを給付します。75歳まで加入することが可能です。
[※6]　厚生年金は70歳まで、健康保険は75歳まで加入できる制度です。
[※7]　保険制度において保障やサービスを受ける人のことです。

年金や遺族年金を受給する際に、健康保険上の被扶養者であるか否かは万一の時には生計維持の状態であったかについての重要な判断材料の一つとなります。

(2) 社会保険上の扶養として認定されるには

社会保険上の扶養は主たる収入を得ているパートナーが、下記の条件にあてはまることが必要です。

① 主たる収入を得ているパートナーによって生計を維持されていること
② 主たる収入を得ているパートナーの年収[8]の半分未満であること
③ 将来において年収130万円未満[9]（60歳以上または障害者は180万円）であること

戸籍上の親族になること（つまり親子もしくは兄弟関係として養子縁組をすること）が必要ですが、養子縁組さえしていれば、主たる収入を得ているパートナーとの関係が親（年上）・子（年下）・兄弟姉妹のいずれでも問題ありません。

あくまで親子・兄弟関係としての扶養の認定であるため、同性婚である関係を証明する書類は特に必要ありません。同棲カップルの一方の親と養子縁組を結ぶ場合で被扶養者が年長である場合に限り同一世帯要件が必要となりますが、それ以外のケースであれば、生計維持さえされていれば同一世帯である必要もありません[10]。

また、同性婚は配偶者扱いではないので、国民年金に関しては第3号被

---

[8] 社会保険の年収は将来の見込額（通勤交通費などの非課税額や賞与含む）で考えます。

[9] 見込み年収額が130万円未満とは、今後の1か月平均の収入が10万8,333円以下だと予測できる（通勤交通費を含みます）ことを意味します。

[10] 居住している場所が異なる場合は仕送り要件（被保険者からの仕送り額（援助額）より年収が少ない）が加算されるため、振込したことの証明できる書類が別途必要になる場合があります。

227

保険者にはなれず、あくまで第1号被保険者となります。そのため、扶養されているパートナーであっても国民年金の保険料の負担が必要です（平成27年度の場合は15,590円）。

2. 社会保険の保障内容（死亡・障害・老齢時）

　同性カップルのパートナーに対する保障については、扶養の認定と同じく、親族関係として認められていくということになります。

　ただし、同性婚のカップルは戸籍上では親子関係もしくは兄弟姉妹関係になりますので、これらの保障については、残念ながらそれほど充実しているというわけではありません。

　厚生年金制度に加入している会社員（公務員）の場合は、保険料の負担はありませんが、同時に国民年金第2号被保険者にも加入していることになるため、厚生年金保険・国民年金保険の保障をダブルで受けることが可能[11]です。

　なお、厚生年金ではパートナーとしてではなく、親族（親および子のみ対象で兄弟姉妹は対象外となります）として遺族年金を受けられるケースもありますが、複雑で内容が分かりにくくなってしまう恐れがあるため、今回は親・子の場合に限って説明をしています。

パートナーが死亡した場合の保障制度

　原則としてパートナー死亡時に受給権者の年収850万円未満[12]であることが必要です。

---

[11]　日本の公的年金制度が2階建てだといわれるのは、この理由によります。
[12]　社会保険の年収は将来の見込額（通勤交通費などの非課税額や賞与含む）で考えます。

228　社会保険の知識

【遺族基礎年金】

被保険者（第1・2号いずれも可）または老齢基礎年金の資格期間を満たしている下記①②のいずれかの条件に該当するものが死亡したときに、死亡した者によって生計を維持されていた子[13]に対して遺族基礎年金が支給されますが、支給は18歳（障害者の場合は20歳）到達年度の末日（3月31日）を経過していない子がいる間だけであるため、子が全員18歳（障害者の場合は20歳）到達年度の末日（3月31日）を経過してしまえば支給はされません。

① 死亡日の前日において、死亡月の前々月までの被保険者期間のうち、保険料の納付済期間と免除期間を合わせた期間が3分の2以上あること

② 死亡日の前日において、死亡日の前々月までの直近1年間の保険料の滞納[14]がないこと

原則として①②のいずれかが支給要件となりますが、資格喪失後の死亡であっても、老齢基礎年金の受給権者が死亡した時など、該当する場合もあります。

遺族基礎年金の金額については、下記の表の通りです。

	条件に合う子が3人	条件に合う子が2人	条件に合う子が1人	条件に合う子が0人
子のみ（1人当たりの額）	1,079,400円（359,800円/人）	1,004,600円（502,300円/人）	780,100円（780,100円/人）	0円

（平成27年度金額）

---

[13] 子については、同性カップルの子として養子縁組をした子だけでなく、子として養子縁組をしたパートナー自身も18歳（障害者の場合は20歳）の到達年度の末日（3月31日）までであれば対象になります。

[14] 平成38年3月末までの緩和要件となります。

【遺族厚生年金】

　死亡者が次の①から③のいずれかの条件に該当していた場合、死亡した者によって生計を維持されていたパートナー（父母である場合は55歳以上）や子[15]に対して遺族厚生年金が支給されます。遺族厚生年金の受給ができる子（子とは18歳到達年度の年度末を経過していない者または20歳未満で障害年金の障害等級1・2級の障害者に限ります）は、遺族基礎年金も併せて受けられます。

① 被保険者が死亡したとき、または被保険者期間中の傷病がもとで初診の日から5年以内に死亡したとき。（ただし、遺族基礎年金と同様、死亡した者について、保険料納付済期間（保険料免除期間を含む）が国民年金加入期間の3分の2以上あること）。

　※ただし平成38年4月1日前の場合は死亡日に65歳未満であれば、死亡した月の前々月までの1年間の保険料を納付しなければならない期間のうちに、保険料の滞納がなければ受けられます。

② 老齢厚生年金の資格期間を満たした者が死亡したとき。

③ 1級・2級の障害厚生年金を受けられる者が死亡したとき。

　なお、遺族厚生年金の金額は下記の計算式をもとに計算されます。

$$\left\{ 平均標準報酬月額 \times \frac{7.125}{1000} \times \begin{matrix} 平成15年3月までの \\ 被保険者期間の月数 \end{matrix} + 平均標準報酬額 \times \frac{5.481}{1000} \times \begin{matrix} 平成15年4月以後の \\ 被保険者期間の月数 \end{matrix} \right\} \times \frac{3}{4}$$

　被保険者期間の月数は国民年金の被保険者期間ではなく、あくまで厚生年金の加入者であった期間となりますが、現時点ではその月数が300月（25

---

[15] 子については、同性カップルの子として養子縁組をした子だけでなく、子として養子縁組をしたパートナー自身も18歳（障害者の場合は20歳）の到達年度の末日（3月31日）までであれば対象になります。

年）に満たない場合、300月の被保険者期間があったとみなされて計算をすることとなっています。

　養子縁組の関係ごとにどのような保障内容になるかが分かりにくいため、ケース別に次ページの図で説明しています。

　パートナーの年齢はともに18歳到達年度の末日を過ぎていることとします。

パートナーが障害状態になった場合の保障制度

【障害年金の加算】

　65歳未満の厚生年金の被保険者または老齢厚生年金の資格期間を満たした者が一定の障害状態（1級・2級）になった場合に、18歳（障害者の場合は20歳）到達年度の末日（3月31日）を経過していない子[16]がいる間、障害基礎年金に加給年金がプラスされます。

　金額は第2子までは224,500円で、第3子以降は74,800円となります。

パートナーが65歳以上になったときの保障制度

　特にありません。

パートナーと関係解消した場合の保障制度

　特にありません。

---

[16]　子については、同性カップルの子として養子縁組をした子だけでなく、子として養子縁組をしたパートナー自身も18歳（障害者の場合は20歳）の到達年度の末日（3月31日）までであれば対象になります。

■ (厚生年金) のケース

◆カップルが親子関係の時
- 子がいない場合

  亡くなったパートナーが子の場合で残されたパートナーが55歳以上の場合

  パートナー ─→ 遺族厚生年金
  　　　　　60歳

  亡くなったパートナーが親の場合
  亡くなったパートナーが子の場合で残されたパートナーが55歳未満の場合
  ➡保障なし

- 子供がいた場合

  亡くなったパートナーが親のとき

  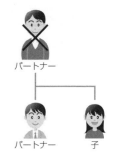

232　社会保険の知識

亡くなったパートナーが子のとき
残されたパートナーが55歳以上

パートナー ─[遺族厚生年金]▷
　　　　　60歳

残されたパートナーが55歳未満
　➡保障なし

◆カップルが兄弟(姉妹)関係の時
・子がいない場合
　　➡保障なし

・子供がいた場合
　亡くなったパートナーが子の親のとき

子 ┌─────────────┐
　 │　遺族厚生年金　│
　 ├─────────────┤
　 │　遺族基礎年金　│
　 └─────────────┘
　　　　　　　子が
　　　　　　18歳

亡くなったパートナーが子の叔父(叔母)のとき
　　➡保障なし

※亡くなったパートナーが何らかの年金を受給中であった場合は未支給年金に該当することがあります。

3. 育児中に利用できる社会保険等の制度

(1) 雇用保険と同性婚

　同性婚に関して雇用保険からどんな保障内容があるのかと首を傾げられるかと思われますが、育児休業給付の場合に関係してきます。

　同性婚において、子供をつくる場合は、人工授精等による分娩を伴う場合だけでなく、養子縁組で迎えるケースも割合的に低くはないと思われます。分娩を伴う場合はその分娩をした女性は当然に自分の子であると認定されるため、育児休業に関する給付金の対象になりますが、男性カップルや分娩を伴わない女性が子を養子縁組で迎える場合は、養子縁組をした時点で子となります。給付金自体は、該当する子が1歳未満であれば、自分自身が分娩をしていなくとも支給対象になります。しかし同性婚はパートナーのどちらか片方のみが、戸籍上の親（父もしくは母）になれるため、同棲カップルの双方が育児休業を取ることはできません。育児休業をする場合公的書類において自分の子供であることが証明できれば、育児休業を取得した期間（原則として子供が1歳までの間）育児休業給付を受けることができます。

　また、支給対象期間の延長制度（保育園に入れない場合など最長1歳6か月まで延長される制度）も利用することが可能です。

(2) 育児休業取得時の社会保険料免除と同性婚

　育児休業を取得している間は、社会保険料が免除となります。この制度についても、(1)と条件は同様で、この制度を利用する場合についても公的書類によって自分の子供であることが公的に証明する必要がありますし、同性婚はパートナーのどちらか片方のみが、戸籍上の親（父もしくは母）になれるため、同棲カップルの双方が社会保険料免除を受けることはできません。

　法令では原則子供が1歳になるまでとはなっていますが、会社に育児休

業の延長の制度がある場合は最長３歳になるまでの間、保険料が免除になることがあります。

　育児に対しての給付については産前産後休業時に保険料が免除や出産手当金などの制度もありますが、同性婚が条件ではなく出産が条件（人工授精の場合も当然に対象となります）となりますので今回は省略します。

(3)　３歳に満たない子を養育する被保険者等の標準報酬月額の特例と同性婚

　３歳未満の子供を育てながら働いている場合において、３歳未満の子を養育する厚生年金の被保険者が、３歳未満の子供を育てている期間に短時間勤務や配置転換などにより給料が下がった場合、保険料負担は現在の標準報酬月額に基づき控除されながらも、万が一の場合や老齢時の年金額は、子供を育て始める直前の標準報酬月額で計算できるしくみがあります。

　この制度は「育児」が理由で給与が下がることが条件ではなく、３歳未満の子供を育てているときに給与が下がることが条件とっています。

　この制度についても、(1)と条件は同様で、この制度を利用する場合についても公的書類によって自分の子供であることが公的に証明する必要がありますし、同性婚はパートナーのどちらか片方のみが、戸籍上の親（父もしくは母）になれるため、同棲カップルの双方が特例の対象となることはできません。

　届出が原則ですので、しっかりと届出をしておきましょう。

235

社会保険	【同性婚編】社会保険の知識②
	自営業（国民年金・国民健康保険）の場合

【理解しておきたいポイント】

1. それぞれが被保険者 P.236
2. 社会保険の保障内容（死亡・障害・老齢時） P.237
  * パートナーが死亡した場合の保障制度 P.238
  * パートナーが65歳以上になった場合の保障制度 P.243
  * パートナーと関係解消した場合の保障制度 P.243

1．それぞれが被保険者

　自営業の場合、原則国民年金保険と国民健康保険の被保険者となります
（1人で事業を行っていても法人を設立している場合は厚生年金と健康保
険に加入となるため、会社員の場合を参考にしてください）。

　国民年金や国民健康保険には扶養の制度はないので、自営業のパート
ナーに生計を維持されているパートナーであっても被保険者として保険料
がかかります。

(1) 国民年金保険と国民健康保険の加入方法

① 国民健康保険は世帯で加入

　国民健康保険では、75歳未満の人であれば、0歳の生まれたばかりの赤
ちゃんであっても被保険者となります。

　世帯を別々（分離）にしている場合、保険料は別にかかりますが、世帯
を同一にしている場合は、性別や理由を問わず世帯ごとで保険料計算をさ

236　社会保険の知識

れ、世帯主に請求がかかります。

　保険料計算上重要なのは同一世帯か否かという部分であるため、単なる同居人であろうが養子縁組による親子兄弟関係であろうが、保険料は同一です。

②　国民年金加入者の場合、ともに第1号被保険者として加入

　原則[17]、国民健康保険の場合、基本的に国民年金とセットで加入しているため、国民年金の第1号被保険者となります。

　同性婚で片方のパートナーの生計を維持していたとしても、それぞれ独立して第1号被保険者として加入します。

　国民年金第1号被保険者として支払うべき保険料は、平成27年度の場合は15,590円（定額）です。

2. 社会保険の保障内容（死亡・障害・老齢時）

　同性カップルのパートナーに対する保障については、扶養の認定と同じく、親族関係として認められていくということになります。

　ただし、同性婚のカップルは戸籍上では親子関係もしくは兄弟姉妹関係になりますので、これらの保障については、残念ながらそれほど充実しているというわけではありません。

　なお、厚生年金ではパートナーとしてではなく、親族（親および子のみ対象で兄弟姉妹は対象外となります）として遺族年金を受けられるケースもありますが、複雑で内容が分かりにくくなってしまう恐れがあるため、今回は親・子の場合に限って説明をしています。

---

[17]　例外として、国民健康保険組合に加入している法人に、主たる収入を得ているパートナーがお勤めの場合は国民健康保険にも関わらず、厚生年金に加入しているケースもあります。

事実婚・内縁関係編

同性婚編

困った時の相談先

索引

パートナーが死亡した場合の保障制度

原則としてパートナー死亡時に受給権者の年収850万円未満であることが必要です。

【遺族基礎年金】

被保険者（第１・２号いずれも可）または老齢基礎年金の資格期間を満たしている下記①②のいずれかの条件に該当するものが死亡したときに、死亡した者によって生計を維持されていた子[18]に対して遺族基礎年金が支給されますが、支給は18歳（障害者の場合は20歳）到達年度の末日（３月31日）を経過していない子がいる間だけであるため、子が全員18歳（障害者の場合は20歳）到達年度の末日（３月31日）を経過してしまえば支給はされません。

① 死亡日の前日において、死亡月の前々月までの被保険者期間のうち、保険料の納付済期間と免除期間を合わせた期間が３分の２以上あること
② 死亡日の前日において、死亡日の前々月までの直近１年間の保険料の滞納[19]がないこと

原則として①②のいずれかが支給要件となりますが、資格喪失後の死亡であっても、老齢基礎年金の受給権者が死亡した時など、該当する場合もあります。

遺族基礎年金の金額については、下記の表の通りです。

	条件に合う 子が3人	条件に合う 子が2人	条件に合う 子が1人	条件に合う 子が0人
子のみ （1人当たりの額）	1,079,400円 （359,800円/人）	1,004,600円 （502,300円/人）	780,100円 （780,100円/人）	0円

※上記の子はパートナーとしての子も含む　　　　　　　　　　（平成27年度金額）

---

[18] 子については、同性カップルの子として養子縁組をした子だけでなく、子として養子縁組をしたパートナー自身も18歳（障害者の場合は20歳）の到達年度の末日（３月31日）までであれば対象になります。
[19] 平成38年３月末までの緩和要件となります。

【死亡一時金】

国民年金第1号被保険者（任意加入被保険者も含む）として保険料を納めた期間が36月以上[20]あるパートナーが老齢基礎年金・障害基礎年金を受けないまま亡くなった時および遺族基礎年金を受けることができる人がいない場合に支給されます。名称の通り一時金で、金額は保険料を納めた月数に応じて120,000円〜320,000円となっています。

そのパートナーと生計を同じく（生計を維持より緩和された要件です）していた、子・父母・兄弟姉妹（他親族も受給資格あり）が受け取れます。

【未支給年金】

障害年金や障害基礎年金、老齢厚生年金や老齢基礎年金など、すでに受け取っているパートナーがなくなった場合、亡くなった月までの年金が1か月か2か月分受け取れずに亡くなっているため（年金は2か月に一度経過月分を支給するため）、支給年金となります。年金という名称ですが、一時金です。

そのパートナーと生計を同じく（生計を維持より緩和された要件です）していた、パートナー・子・兄弟姉妹（他親族も受給資格あり）が受け取れます。

※死亡一時金および未支給年金について

同性婚の場合は死亡したパートナーの配偶者や内縁ではないため、子として養子縁組していた場合と親として養子縁組していた場合と兄弟関係として養子縁組していた場合で、それぞれに受給できる資格の順位が異なってくる（1・配偶者、2・子、3・父母、4・孫、5・祖父母、6・兄弟姉妹の順番となります）ため、他の親族が先発順位で生計を同じくしていれば、たとえパートナーであったとしても受け取ることができません。

---

[20] 4分の3納付月数は4分の3月、半額納付月数は2分の1月、4分の1納付月数は4分の1月として計算します

養子縁組の関係ごとにどのような保障内容になるかが分かりにくいため、次ページの図でケース別に説明しています。

　パートナーの年齢はともに18歳到達年度の末日を過ぎていることとします。

■(国民年金)のケース

◆カップルが親子関係の時
- 子がいない場合
  年金を受けることなくパートナーが亡くなったとき
  ➡死亡一時金
  何らかの年金を受けているパートナーが亡くなったとき
  ➡未支給年金

- 子供がいた場合
  亡くなったパートナーが親のとき

  子 | 遺族基礎年金 |
  末子が18歳

  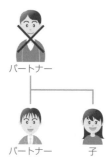

  ※子が18歳到達年度の末日をすぎているときは子がいない場合と同じ
  亡くなったパートナーが子のとき
  年金を受けることなくパートナーが亡くなったとき
  ➡死亡一時金
  何らかの年金を受けているパートナーが亡くなったとき
  ➡未支給年金

◆同性カップルが兄弟（姉妹）関係の時
- 子がいない場合
  年金を受けることなくパートナーが亡くなったとき
  ➡死亡一時金
  何らかの年金を受けているパートナーが亡くなったとき
  ➡未支給年金
  ※兄弟（姉妹）は優先順位が低いため、他親族の権利になることがあります

- 子供がいた場合
  亡くなったパートナーが子の親のとき

  子　｜　遺族基礎年金　｜
  　　　　　　　　　　　18歳

  亡くなったパートナーが子の叔父（叔母）のとき
  年金を受けることなくパートナーが亡くなったとき
  ➡死亡一時金
  何らかの年金を受けているパートナーが亡くなったとき
  ➡未支給年金
  ※兄弟（姉妹）は優先順位が低いため、他親族の権利になることがあります

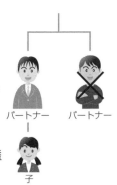

パートナーが65歳以上になったときの保障制度

特にありません。

パートナーと関係解消した場合の保障制度

特にありません。

ライフプラン	【同性婚編】ライフプランの知識①
	住まいの確保と住宅購入

【理解しておきたいポイント】
1. 賃貸住宅を借りにくい現状 ……………………………………… P.244
2. 住宅購入時の名義と財産トラブル ……………………………… P.244

1. 賃貸住宅を借りにくい現状

　同性カップルが賃貸住宅に部屋を借りたいという場合、不愉快な思いをした人も少なくありません。前述187ページのように、渋谷区であえて条例を作ったほどに、現状では希望の立地で希望の物件にすんなり入居するのはなかなか難しい現状があります。

　そこで、マイホームを購入すれば、こうしたわずらわしさから解放されると考えるのも自然の流れです。

2. 住宅購入時の名義と財産トラブル

　「家を買いたい」という場合、1人の名義で買うのであれば、大きなトラブルになることはありません。現状では、2人の収入合算をして住宅ローンを組むことはできませんので、どちらか1人の単独名義で借り入れるしかありません。そのため、借りられる金額が少なくなることから購入できる物件価格が少なめになります。

　住環境や人間関係を考えてタワーマンションを選ぶ同性カップルも多いですが、物件的に予算が高めのため、パートナーの収入がなければ返済で

244　ライフプラン

きないような額で住宅ローンを組んで購入するケースも散見されます。

　けれども、住宅購入の際の最大のデメリットは、どんなカップルにおいても別れる際の財産トラブルです。前向きな将来のために住宅を購入するわけですが、異性か同性か、あるいは、法律婚か事実婚かと問わず、金額が大きいだけに実際に別れることになってからではもめることが多々あります。

　パートナーに頭金を出してもらったり、2人の財産として購入する場合は、前もって弁護士に相談するなどして、万一別れた際の支払いについてどうするか取り決め、契約書を作成して2人で署名しておくことがおすすめです。そのほうが、別れた後に、後腐れなく友人関係を保つことが可能です。

　何ごともなく寿命をまっとうしたとしても、相続発生時には、パートナーへ円滑に相続財産の移転を行うのはなかなか難しい現状があります。同性パートナーは法定相続人としては認められないため、2人で築いた財産としての住まいであったとしても、財産として遺してもらえないだけでなく、身内の人から出ていくように言われかねません。

　大きい金額のため、遺言書を作成するほか、頭金を貸したという契約書（金銭消費貸借契約書）を作成するなどの対策を講じておくと安心です。

ライフプラン	【同性婚編】ライフプランの知識②
	# 介護の話が出てきたら

【理解しておきたいポイント】
1. 「親の介護」は一つのきっかけ ……………………………………… P.246
2. 医療機関や介護施設を利用する際の留意点 …………………… P.247

1.「親の介護」は一つのきっかけ

　同性パートナーと暮らしている場合、地方から都会に出てきて、親や兄弟姉妹との関係を疎遠にしている人が少なくありません。そんな暮らしに決着を求めてくる事柄の一つに「親の介護」があります。

　すぐに介護が必要という場合、結婚して所帯を持っている兄弟姉妹に比べ、シングルに見える暮らしをしていると、「身軽なのだから、親元に戻って親の介護をよろしく」という無言の圧力を親や兄弟姉妹から受けやすい現状があります。

　今すぐという状況ではなくても、将来的に都会にいる子どもを呼び寄せる口実の一つとして、親が介護の話を切り口にするケースもあります。いずれにせよ、介護の話がでたら、今後の生活についてどうするのか、一度よく考える必要があります。

　それに加えて、同性パートナーの介護や、自分自身の介護をどうしていくかについても考えておく必要があります。

2．医療機関や介護施設を利用する際の留意点

　まず、同性パートナーの介護について考えるなら、同性パートナーが事故に遭ったり、勤め先で急病になった場合、自分に連絡が来るような工夫をしているか確認することから始めましょう。連絡がつかず、もしかしてと思っても、本人が連絡をできないような状況にあると、手の打ちようがないからです。

　病院に入院していないか問い合わせをしても、現在は個人情報保護法の関係で、身内でなければ入院しているかどうかの回答も得にくいといいます。手術などの説明・同意書へのサインも身内に限られるのが通常なので、緊急連絡先として自身の連絡先を持ち歩いてもらうなどの工夫も必要です。

　介護保険サービスについては「事実婚・内縁関係編③」（173ページ）、成年後見制度については「事実婚・内縁関係編③」（174ページ）をご参照ください。

困った時の相談先①

▶暮らしとお金・契約などに関わる苦情と相談

国民生活センター（消費生活センター）	
国民生活センターは国が設立した独立行政法人です。商品やサービスなど消費生活全般に関する苦情や問合せなど、消費者からの相談を専門の相談員が受付け、公正な立場で処理にあたっています。	
ホームページ	http://www.kokusen.go.jp/map/ 消費者ホットラインのほか、各地の消費生活センターなどに相談することもできます。　このホームページの下方に、各地の消費生活センターや消費生活相談窓口が紹介されています。
電　　話	［電話］　0570-064-370（消費者ホットライン） 消費者ホットライン　平日バックアップ相談 （最寄りの相談窓口に電話がつながらない場合） 03-3446-1623（国民生活センター平日バックアップ相談）

▶弁護士・司法書士に行く前の法律相談

法テラス	
国が設立した法的トラブル解決の総合案内所。弁護士・司法書士に相談できます。経済的に余裕がない人の場合は無料で３回まで相談できる制度があります。	
ホームページ	http://www.houterasu.or.jp/
電　　話	［電話］0570-078-374
	平日：am 9：00～pm 9：00／土曜日：am 9：00～pm 5：00

▶税金に関わる相談

税についての電話相談窓口	
税に関する相談は、所轄（又は最寄り）の税務署で受け付けています。以下のホームページの税務署に電話をかけ、自動音声による案内に従って、相談内容に応じた該当の番号を選択すると担当者につながります。	
ホームページ	https://www.nta.go.jp/shiraberu/sodan/sodanshitsu/9200.htm

▶ FPの無料相談

日本FP協会「くらしとお金のFP相談室」

生活者に対するFP（ファイナンシャル・プランナー）への無料相談窓口として「くらしとお金のFP相談室」を東京都港区虎ノ門と大阪市北区堂島浜に開設しています。

申込は予約制で相談料は無料です。

ホームページ	https://www.jafp.or.jp/confer/kurashi_fp/taimen/
相談申込みの電話受付	［電話］03-5403-9880
	平日：am 10:00～pm 5:00（土日・祝日・年末年始を除く）
無料相談の開催日時	木曜日：16:30～17:20、18:00～18:50、19:00～19:50
	金曜日：10:00～10:50、11:00～11:50、13:00～13:50
	土曜日：10:00～10:50、11:00～11:50、13:00～13:50

▶賃貸住宅に関するメール（書面）相談

公益財団法人 日本賃貸住宅管理協会

相談事業を通じて入居者・家主・管理会社のより良い関係を築き、住環境を向上させることを目的とした協会で、居住用賃貸住宅に関する件でお困りの人にアドバイスを行っています。

ホームページ	http://www.jpm.jp/consultation/
相談書面の送り先	［FAX］03-6265-1556
	［Eメール］info@jpm.jp
	［郵便］〒104-0028
	東京都中央区八重洲2-1-5 東京駅前ビル8階
	（公財）日本賃貸住宅管理協会 日管協総合研究所宛

困った時の相談先②

▶不動産取引上のトラブルに関する無料相談

47 都道府県宅建協会　無料相談窓口	
宅建協会には、全国の8割の不動産会社が所属する業界団体で、無料相談窓口があります（取引を行った業者の所属が「宅建協会」ではなく「全日本不動産協会」の場合は、その地方本部に相談ください）。	
ホームページ	https://www.zentaku.or.jp/009/soudanmadoguchi.html

▶年金に関する相談

日本年金機構	
ホームページから、全国の相談・手続き窓口や、電話での年金相談窓口を検索することができます。	
ホームページ	http://www.nenkin.go.jp/n/www/office/
電　話	［ねんきんダイヤル］　0570-05-1165 　　　　　　　　　　　03-6700-1165 ［受付時間］　月曜日：am 8:30～pm 7:00 　　　　　　　火～金曜日：am 8:30～pm 5:15 　　　　　　　第2土曜日：am 9:30～pm 4:00
相談・手続き窓口	http://www.nenkin.go.jp/section/soudan/

▶クレジットカードのトラブル相談

一般社団法人　日本クレジット協会	
日本クレジット協会の会員企業と消費者のパイプ役として、割賦販売法などクレジットに関する法律の基本的知識や利用方法等の問い合わせに回答するほか、会員の消費者相談窓口や内容に応じた適切な相談先等の紹介、相談解決にあたって適当と思われる方法をアドバイスしています。	
ホームページ	http://www.j-credit.or.jp/customer/consult/
電　話	［電話］　03-5645-3361 月曜日～金曜日：am 10:00～am 12:00／ 　　　　　　　　　pm 1:00～pm 5:00 （祝日・年末年始を除く）

250　困った時の相談先

▶クレジットやローンの借金返済、多重債務の解決相談

公益財団法人　日本クレジットカウンセリング協会	
クレジットや消費者ローンを利用して多重債務に陥った人について、消費者保護の立場から公正・中立なカウンセリングを行っています。電話相談やカウンセリングは無料で、希望により無料で任意整理と家計管理の改善をお手伝いしています。	
ホームページ	http://www.jcco.or.jp/
電　　話	[電話]　0570-031-640
	月曜日～金曜日：am 10:00～am 12:40 ／ 　　　　　　　　pm 2:00～pm 4:40 （12月28日～1月4日と祝日等を除く）

▶証券会社に関する相談

証券・金融商品あっせん相談センター（FINMAC）	
証券取引で困ったり、トラブルになったときに通話料無料で相談を受け付けています。	
ホームページ	http://www.jsda.or.jp/sonaeru/inv_alerts/alearts02/
相談書面の送り先	[電話]　0120-64-5005 平日のみ　am 9:00～am 5:00
	[Eメール] info@jpm.jp
	[郵便] 〒104-0028 　　　東京都中央区八重洲2-1-5　東京駅前ビル8階 　　　（公財）日本賃貸住宅管理協会　日管協総合研究所宛

困った時の相談先③

▶交通事故その他の損害保険の相談

そんぽ ADR センター（日本損害保険協会）

交通事故に関するご相談、その他損害保険に関する相談に対応しています。
また、保険業法に基づく指定紛争解決機関（金融 ADR 機関）として、損害保険会社とのトラブルが解決しない場合の苦情の受付や損害保険会社との間の紛争解決の支援（和解案の提示等）を行っています。

ホームページ	http://www.sonpo.or.jp/useful/soudan/adr/#how
相談書面の送り先	[FAX] 03-6265-1556
電　話	[電話]　0570-022-808
	月～金曜日　am 9:15～pm 5:00
	（祝日・休日および 12/30～1/4 を除く）

▶銀行に関する相談

全国銀行協会相談室・あっせん委員会

銀行に関するさまざまな相談や照会、銀行に対するご意見・苦情を受け付けています。
住宅ローンやカードローンの返済で困っている個人の人に、カウンセリングサービスを実施しています。

ホームページ	http://www.zenginkyo.or.jp/adr/
電　話	[電話]　0570-017-109
	03-5252-3772
	月～金曜日　am 9:00～pm 5:00
	（祝日および銀行の休業日を除く）

▶生命保険に関する相談

一般社団法人　生命保険協会	
契約者をはじめ、広く一般の人から生命保険に関する相談・照会を受け付けています。また、保険業法に定める指定紛争解決機関として、苦情の解決に向けた支援を行っています。	
ホームページ	http://www.seiho.or.jp/contact/about/
電　　話	［電話］　03-3286-2648 am 9:00〜pm 5:00 （土・日曜、祝日、年末年始を除く）
来訪での相談	〒 100-0005 　　　　東京都千代田区丸の内3-4-1 　　　　新国際ビル3階　生命保険相談所（生命保険協会内） ※ pm 4:00までに来所のこと
地方事務室・相談所	http://www.seiho.or.jp/contact/about/list/ 全国53箇所にあります。

▶共済に関する相談

日本共済協会「共済相談所」	
会員団体（JA共済、全労済、コープ共済連、大学生協共済連、全国生協連など）の共済事業に関する一般相談・苦情相談の電話対応業務ならびにADR認証機関として弁護士等により構成された審査委員会による紛争解決支援業務（ADR）を実施しています。	
ホームページ	http://www.jcia.or.jp/adr/
電　　話	［電話］　03-5368-5757
	月〜金曜日　am 9:00〜pm 5:00 （土・日曜、祝日、年末年始を除く）

索　引

英数字

3号分割 ……………………………… 146
GID ………………………………… 206
LGBT ………………………… 184、210

い

育児休業給付 ……………… 147、234
遺言‥123、183、189、193、199、201、203、
　204、205、218、224、245
遺言書 …………………………… 97、205
遺族基礎年金 ……… 137、152、228、238
遺族厚生年金 ……………… 138、229、230
医療費控除 ……………………………… 174

え

縁組意思 ………………………………… 196

お

お墓 ……………………………………… 99

か

介護休業制度 …………………………… 175
介護保険サービス ……………………… 173
外性器要件 ……………………………… 08
加給年金 ………………………………… 145
寡婦年金 ………………………………… 153

き

共同生活 ………………………………… 21
協力義務 ………………………………… 25

け

経過的寡婦加算 ………………………… 139

こ

合意分割 ………………………………… 146
公序良俗 ………………………………… 200
厚生年金 ………………………………… 158
国民年金 ………………………………… 157
子なし要件 ……………………………… 208
婚姻意思 ………………………… 21、30、33
婚姻関係 …………………………… 20、21
婚姻障害事由 …………………………… 50
婚姻費用 ………………………………… 25
婚姻費用分担請求 ……………………… 25

さ

財産分与 ………………………………… 80
祭祀承継 ………………………………… 99

し

事実婚 …………………………………… 12
指定代理請求人 ………………………… 164
死亡一時金 ………………………… 153、239
社会保険上の扶養 ……………… 129、226
社会保険料免除 ………………… 148、235
重婚的内縁関係 ………………………… 51
住宅取得資金の贈与の特例 ………… 214
収入合算 ………………………………… 169
準婚契約書 ……………………………… 199
障害基礎年金への加算 ……………… 156
障害年金の加算 ………………… 144、231
親族 ……………………………………… 188

せ

性同一性障害 …………………………… 206
性同一性障害者の性別の取扱いの特例

254　索　引

に関する法律 ················· 207
性別適合手術 ··················· 207
性別の取扱いの変更許可の審判 ··· 207

そ

相続時精算課税 ··············· 215

た

団体信用生命保険 ············· 169

ち

中高齢寡婦加算 ··············· 139

て

貞操義務 ······················· 26

と

同居協力扶助義務 ·············· 24
同性婚 ························· 184
同性パートナー条例 ············ 187
特別縁故者 ····················· 91

な

内縁関係 ······················· 19

に

日常家事債務 ··················· 26
任意後見契約 ·················· 205
認知 ························· 27、56

は

配偶者の税額軽減 ············· 121

ひ

標準報酬月額の特例 ·········· 148、235

ふ

不受理申出 ···················· 197
扶助義務 ························ 25
フラット35 ·················· 168、170
振替加算 ···················· 144、145

へ

ペアローン ···················· 169

ほ

保険金詐欺 ···················· 159
保険金殺人 ···················· 159
保険法 ························ 161

み

未支給年金 ··················· 154、239
民事信託 ··················· 125、224

よ

養育費 ························· 57
養子縁組 ······················ 217

り

離婚分割 ······················ 146

れ

連年贈与 ······················ 120

事実婚・内縁関係編

同性婚編

困った時の相談先

索引

●著者略歴●

今井　多恵子（いまい　たえこ）

弁護士

慶應義塾大学法学部法律学科卒業。平成18年弁護士登録。

離婚等を取り扱う一般民事の法律事務所とベンチャーから上場会社まで企業法務を中心に取り扱う法律事務所の双方を経験したのち、平成25年、友人の同期の弁護士とともに平河町にてist総合法律事務所を設立。企業法務および個人からの相談案件(離婚、相続、住宅問題など)も幅広く取り扱っている。クライアントの想いを大切にしながら、解決方法を共に考えていく姿勢で臨んでいる。

主な著作に「ダンゼン得する　知りたいことがパッとわかる　会社設立のしかたがわかる本」(共著、ショーテック社)ほか、セミナー多数。

坂和　宏展（さかわ　ひろのぶ）

弁護士

大阪大学法学部法学科卒業。平成18年弁護士登録。

東京で3年半勤務弁護士を経て、平成22年、大阪弁護士会に登録換えし、現在、坂和総合法律事務所にて執務。一般民事事件、企業法務等（一般民事事件では交通事故問題が多く、また、特色ある分野としては都市計画、市街地再開発、土地区画整理等の「まちづくり」に関する分野がある）のほか、離婚、相続等の家事事件も幅広く手がけている。家事事件においては特に、将来の家族関係やライフプランを見据えた長期的な見通しを含む依頼者の理解と納得が重要と考え、丁寧な説明とともに事件の解決に取り組むことを心がけている。

http://www.sakawa-lawoffice.gr.jp/

市川　恭子（いちかわ　きょうこ）

公認会計士、税理士

筑波大学大学院経営政策科学研究科修了。

平成7年太田昭和監査法人（現新日本監査法人）入所。平成11年公認会計士登録。上場社、IPO準備会社の監査業務に従事。平成15年資産税特化税理士法人に入所。税理士登録。相続税、贈与税の申告、タックスプランニング業務に従事。その後、内部統制構築支援業務等を経て平成23年市川税務会計事務所開業。「いざという時のために"相続"を知ろう」などセミナー多数。

主な著作に「リテール営業で今すぐ使える税金の本」(共著、中央経済社)ほか。

安井　郁子（やすい　いくこ）

特定社会保険労務士

三重大学人文学部社会科学科（現法律経済学科）卒業。

大学卒業後に勤務した生命保険会社での仕事を通じて、遺族年金や労災保険などの公的保障に興味をもつ。平成14年社会保険労務士の資格を取得し、平成15年社会保険労務士登録。会計事務所で勤務後、2人の育児に専念し、末子の幼稚園入園を機にやすい社会保険労務士事務所を設立。

「10年後の会社を見据えた人事革命」（世田谷区）等セミナーほか、雑誌執筆多数。

法令だけに固執しない、顧客目線でのアドバイスには定評がある。

竹下　さくら（たけした　さくら）

CFP®、1級ファイナンシャルプランニング技能士、精神保健福祉士

慶應義塾大学商学部卒業。千葉商科大学大学院　会計ファイナンス研究科MBA課程客員教授。

損害保険会社の営業推進部門業務部門、生命保険子会社の引受診査部門を経て、FPとして平成10年独立、現在に至る。主に個人の相談・執筆・講演を行っている。

主な著作に「絶対トクする！住宅ローンの借り方・返し方2015年版」（エクスナレッジ社）、「保険に入ろうかなと思ったときにまず読む本」（日本経済新聞社）、「退職後の人生プラン作成ノート」（日本法令）ほか。

http://www.office-takeshita.com

事実婚・内縁　同性婚
２人のためのお金と法律
～法律・税金・社会保険からライフプランまで～　　平成27年12月20日　初版発行

検印省略

〒 101-0032
東京都千代田区岩本町１丁目２番19号
http://www.horei.co.jp/

共　著	今井　多恵子
	坂和　宏展
	市川　恭子
	安井　郁子
	竹下　さくら
発行者	青木　健次
編集者	鈴木　潔
印刷所	倉敷印刷社
製本所	国宝社

（営　業）　TEL　03-6858-6967　　Eメール　syuppan@horei.co.jp
（通　販）　TEL　03-6858-6966　　Eメール　book.order@horei.co.jp
（編　集）　FAX　03-6858-6957　　Eメール　tankoubon@horei.co.jp

（バーチャルショップ）　http://www.horei.co.jp/shop
（お詫びと訂正）　http://www.horei.co.jp/book/owabi.shtml

※万一、本書の内容に誤記等が判明した場合には、上記「お詫びと訂正」に最新情報を掲載しております。ホームページに掲載されていない内容につきましては、FAXまたはEメールで編集までお問合せください。

・乱丁、落丁本は直接弊社出版部へお送りくださればお取替えいたします。
・Ⓡ〈日本複製権センター委託出版物〉本書の全部または一部を無断で複写複製（コピー）することは、著作権法上での例外を除き、禁じられています。
　また、本書を代行業者等の第三者に依頼してスキャンやデジタル化することは、たとえ個人や家庭内での利用であっても一切認められておりません。

Ⓒ T. Imai, H. Sakawa, K. Ichikawa, I. Yasui, S. Takeshita 2015. Printed in JAPAN
ISBN 978-4-539-72450-7

労働・社会保険，税務の官庁手続＆人事・労務の法律実務誌

ビジネスガイド
定期購読のご案内

定期購読にするととってもおトクです！

ホームページ　http://www.horei.co.jp/bg/

ビジネスガイドとは？

　ビジネスガイドは，昭和40年5月創刊の労働・社会保険や人事・労務の法律を中心とした実務雑誌です。企業の総務・人事の実務担当者および社会保険労務士の業務に直接影響する，労働・社会保険の手続，労働法等の法改正情報をいち早く提供することを主眼としています。これに加え，人事・賃金制度や就業規則・社内規程の見直し方，合同労組・ユニオン対策，最新労働裁判例のポイント，公的年金・企業年金に関する実務上の問題点についても最新かつ正確な情報をもとに解説しています。

「定期購読会員」とは？

● ビジネスガイドの年間定期購読（1年または2年）の申込みをし，弊社に直接，下記の定期購読料金をお支払いいただいた方をいいます。

定期購読会員特典

① 会員特別価格でご購読いただけます。

　| 1年間（12冊）10,457円 ／ 2年間（24冊）18,629円（いずれも税別・送料無料）|

② 毎月の発売日（10日）までに，ビジネスガイドがお手元に届きます。
（※）配達業者等の事情により一部到着が遅れる場合がございます。

③ 当社発売の書籍・CD-ROM商品等を，会員特別価格で購入することができます。

④ 当社主催の実務セミナーを，会員特別料金で受講することができます。

お申込み方法

【初めて申込みをする場合】

● 下記にご連絡いただければ専用郵便払込用紙をお送りいたしますので，必要事項をご記入のうえ，郵便局で購読料金をお振り込みください。

● 定期購読料金のお振り込みが確認され次第，ご希望の号数から発送を開始いたします。
（※）バックナンバーからの購読をご希望の場合は，定期購読会員係【電話：03-6858-6960】に在庫をご確認のうえ，お申込みください。

【定期購読契約を更新する場合】

● 定期購読終了の際に，「購読期間終了・継続購読のご案内」とともに，新たに専用の郵便払込用紙を送付いたしますので，郵便局で定期購読料金をお振り込みください。
（※）定期購読期間中の中途解約は，原則としてお受けいたしかねます。

■ 定期購読に関するお問い合わせは，日本法令定期購読会員係【電話：03-6858-6960】まで
　　　　　　　　　　　　　　　　　　　　　　　　　　　　　　E-mail kaiin@horei.co.jp

開業社労士専門誌「SR」とは？

労働・社会保険，税務の官庁手続＆人事・労務の法律実務誌「月刊ビジネスガイド」の別冊として，平成17年より発行を開始いたしました。

本誌は，すでに開業をしている社会保険労務士やこれから開業を目指す社会保険労務士を対象に，顧客開拓や事務所経営，コンサルティング等に関する生きた使える情報を豊富に盛り込み，実践的に解説をした開業社会保険労務士のための専門誌です。

実務への影響が大きい法改正情報はもちろんのこと，就業規則，是正勧告，あっせん代理，退職金，助成金，特定社会保険労務士制度等にかかわる最新の情報やノウハウについても，正確かつ迅速に提供をしています。本誌を読むことで，多くのビジネスチャンスを得るためのヒントを手に入れることができます。

「定期購読会員」とは？

●「SR」の定期購読会員(年4回発行)の申込みをし，弊社に直接，下記の定期購読料金をお支払いいただいた方をいいます。
●定期購読会員は 未刊号を含む 連続した4号分にて承ります。(会員期間はご注文4号目の発売日まで)

定期購読会員特典

① 会員特別価格でご購読いただけます。
　4冊【4号分（未刊号を含む）】セット：5,333円 (税別・送料無料)
　※1冊(定価1,714円(税別))ずつ購入するより1年間で1,500円以上お得！

② 毎回の発売日までに，「SR」がお手元に届きます。
　※年4回(2,5,8,11月の原則5日)発行です。

③ 当社発売の書籍・CD-ROM商品等を，会員特別価格で購入することができます。

④ 当社主催の実務セミナーを，会員特別料金で受講することができます。

お申込み方法

【初めてお申込みをする場合】
●下記にご連絡いただければ専用郵便払込用紙をお送りいたしますので，必要事項をご記入のうえ郵便局で購読料金をお振り込みください。未刊号を含む連続した4号分にて承ります。
●定期購読料金のお振り込みが確認され次第，ご希望の号数から発送を開始いたします。
　(※)バックナンバーからの購読をご希望の場合は，定期購読会員係【電話:03-6858-6960】に在庫の有無をご確認のうえ，お申込みください。

【定期購読契約を更新する場合】
●定期購読終了の際に，「購読期間終了・継続購読のご案内」とともに，新たに専用の郵便払込用紙を送付いたしますので，郵便局で定期購読料金をお振り込みください。

(※)定期購読期間中の中途解約は，原則としてお受けいたしかねます。

■定期購読に関するお問合せは，日本法令 定期購読会員係【電話：03-6858-6960】まで
　E-mail kaiin@horei.co.jp